Dieser Block gehört:

Für tolle Ferien brauche ich:

Mein liebster Urlaubsort:

Diese Personen fahren zum Glück mit mir in den Urlaub:

Diese Personen fahren zum Glück NICHT! mit mir in den Urlaub:

Am meisten freue ich mich in den Ferien auf:

Wenn ich groß bin, reise ich mal nach:

Hier stimmt doch was nicht!

An diesem Flughafen ist einiges verkehrt.
Finde die 6 Fehler und markiere sie.

Lösung

Knobelkönig

Am Strand liegen die Paddel und die Kanus.
Entferne 7 Paddel, damit du das Wort „ZEHN“ erhältst.

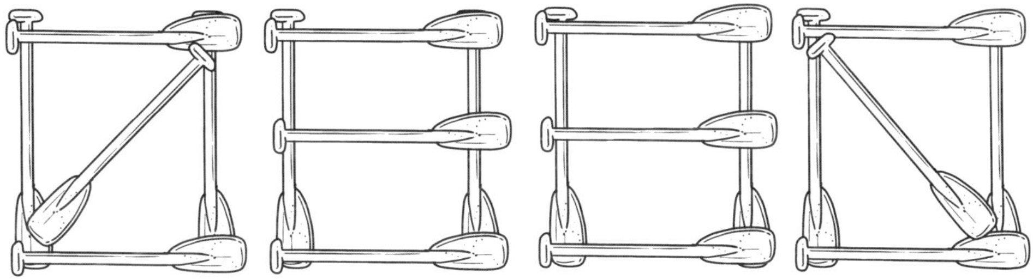

Lösung

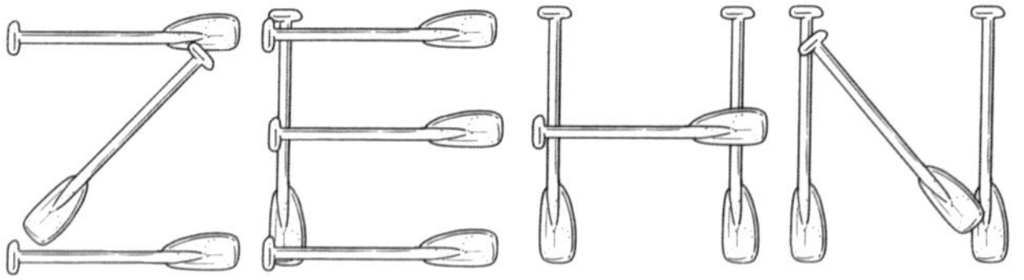

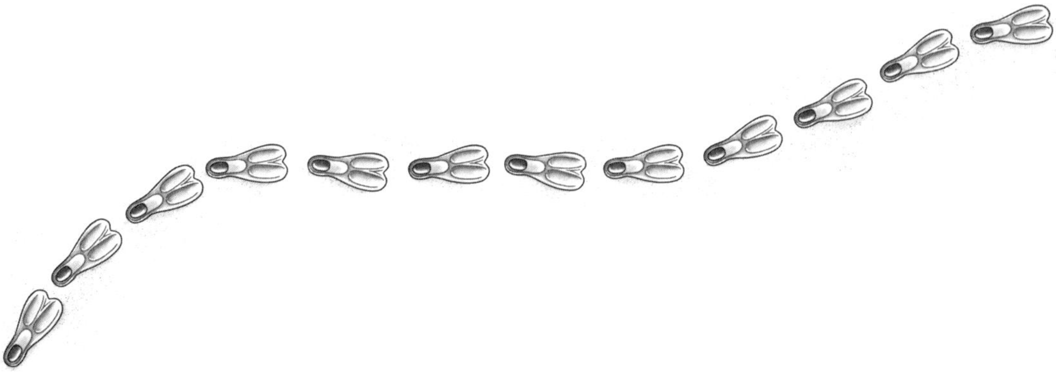

Schau genau!

Wie viele Dreiecke siehst du? Zähle sie und du erfährst die Hausnummer.

Lösung

Ritterstraβe Nr. 8 (ggf. auch 9)

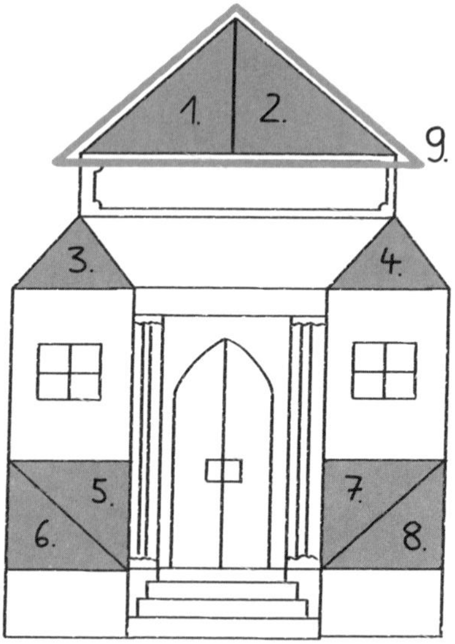

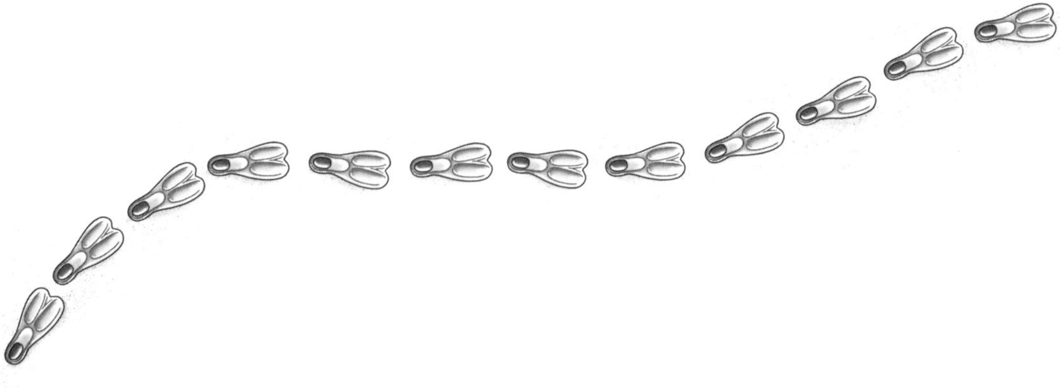

Urlaubskreuzworträtsel

Finde die passenden Wörter zu den Bildern.

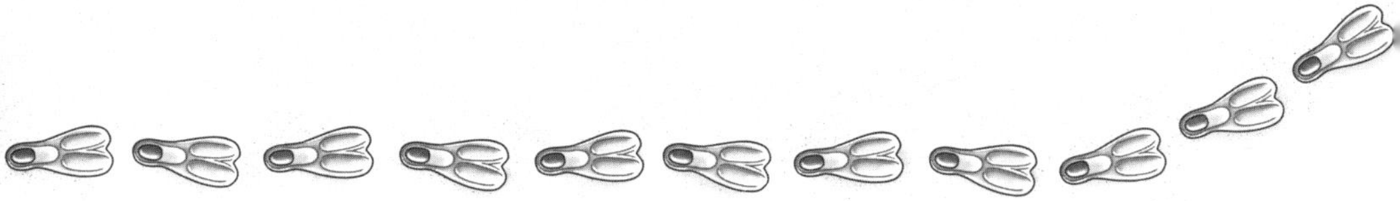

Lösung

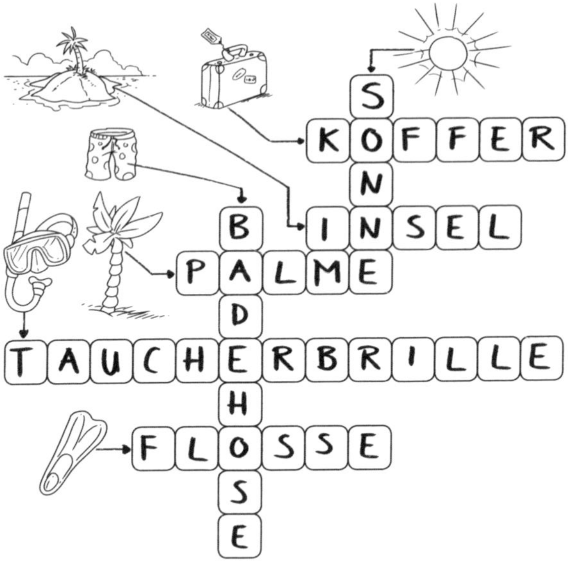

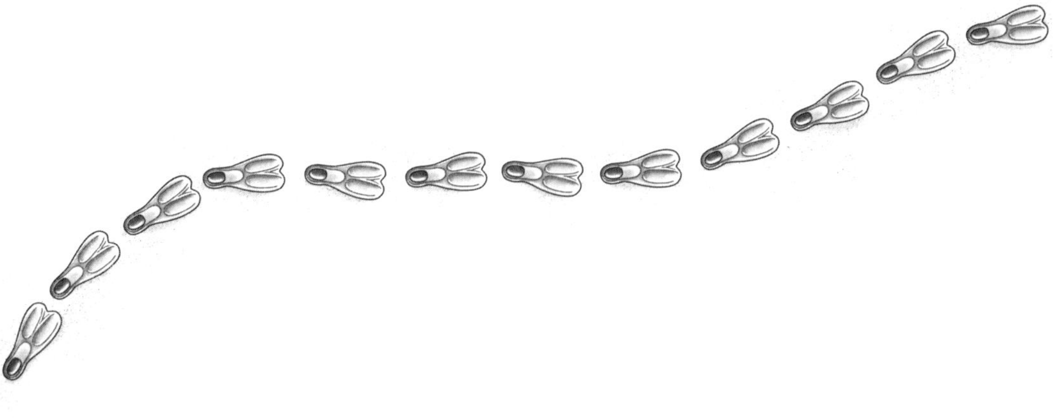

Bildersudoku

Fülle die leeren Felder. Jedes Symbol darf in jeder Reihe und Spalte nur 1 x verwendet werden.

Lösung

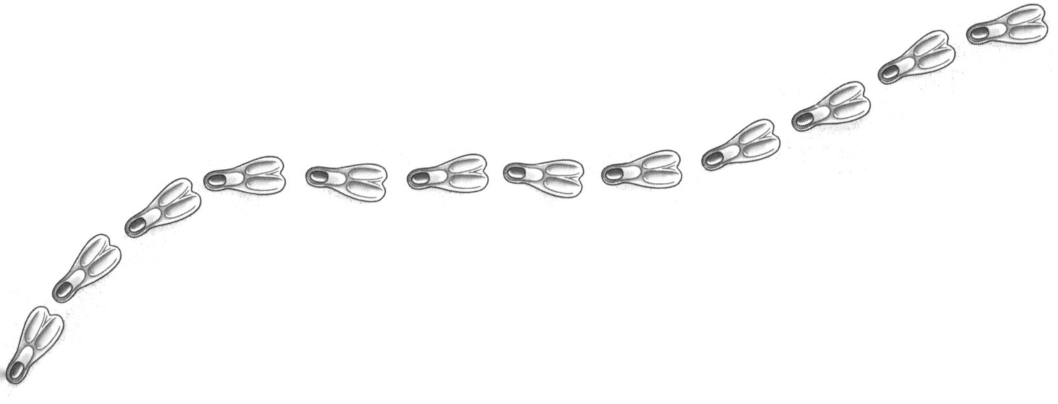

Ganz schön schwer!

Alis Koffer ist schwerer als Olis. Leas Koffer ist leichter als Olis.
Toms Koffer ist am leichtesten. Wem gehört welcher Koffer?

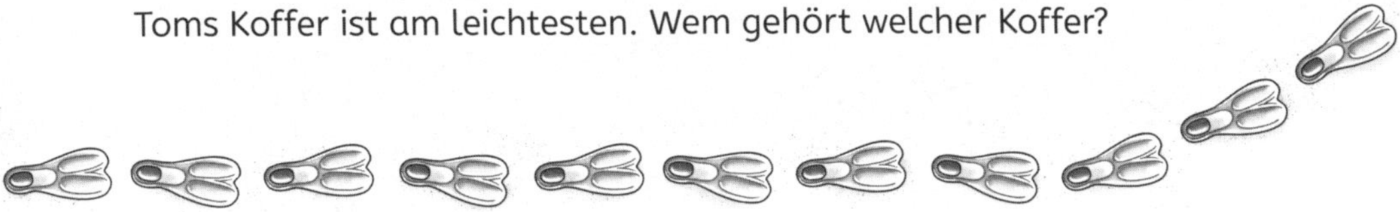

____

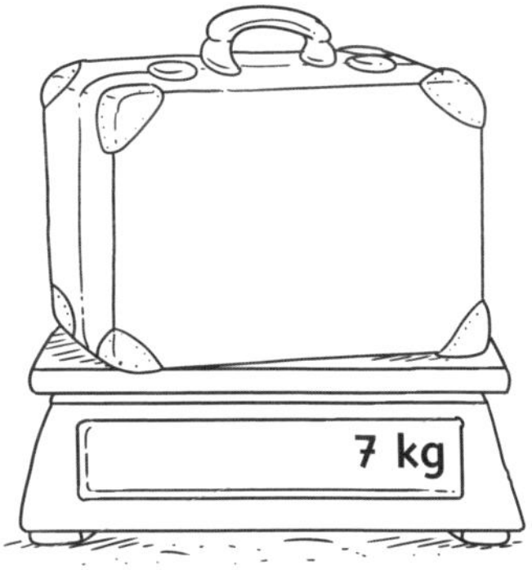

____

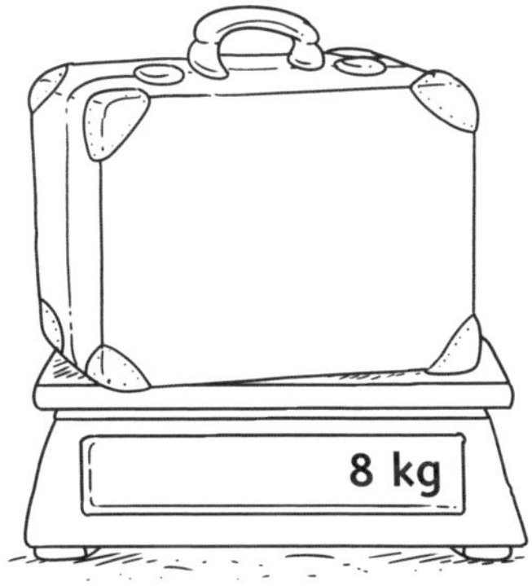

____

____

Lösung

Tom 6 kg, Lea 7 kg, Oli 8 kg, Ali 9 kg

TOM

LEA

OLI

ALI

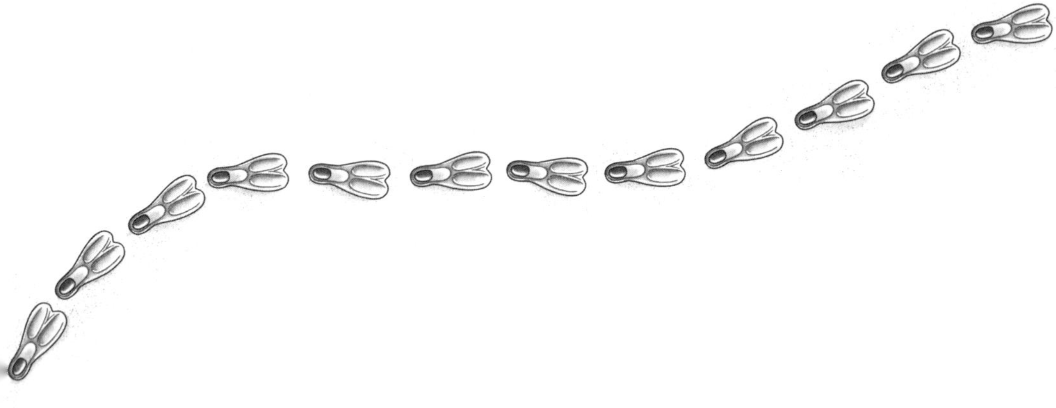

Geheimschrift

Entschlüssele den Text, indem du die Buchstaben im Gitter findest. Die erste Ziffer zeigt dir die Reihe, die zweite Ziffer die Spalte.

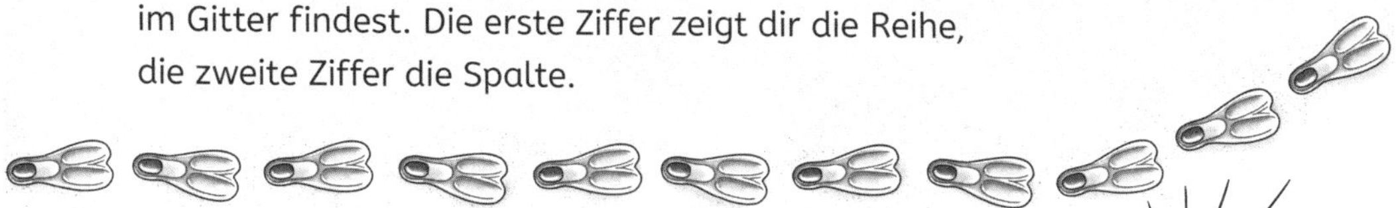

	1.	2.	3.	4.	5.
1.	A	B	C	D	E
2.	F	G	H	I	J
3.	K	L	M	N	O
4.	P	Q	R	S	T
5.	U	V	W	X	Y/Z

→ ↓	→ ↓	→ ↓	→ ↓	→ ↓	→ ↓
2 1	1 5	4 3	2 4	1 5	3 4
F					

→ ↓	→ ↓	→ ↓	→ ↓
4 4	2 4	3 4	1 4

→ ↓	→ ↓	→ ↓	→ ↓
4 5	3 5	3 2	3 2

!

Lösung

Ferien
sind
toll!

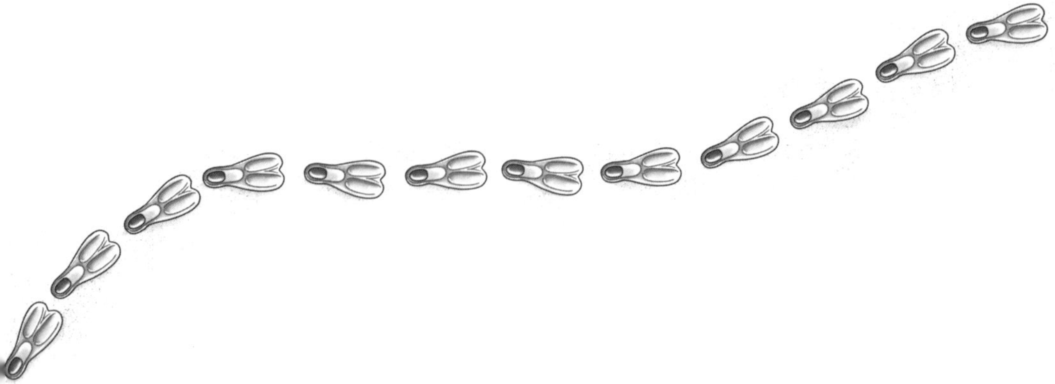

Such mich!

Finde 8 Urlaubs-Wörter:

Strand, Urlaub, Meer, Schiff, Hotel, Boot, Ausflug, Sonne

X	E	Q	E	T	Z	U	I	O	X	S	Q	Q	Q
Q	Q	U	X	Q	W	R	R	T	T	C	T	U	U
S	T	R	A	N	D	Z	Z	H	H	H	J	I	P
Y	X	L	A	S	W	W	A	Q	V	I	B	B	T
R	T	A	Y	Q	W	X	U	S	D	F	D	F	H
F	G	U	H	J	K	L	S	Ö	Y	F	X	C	O
V	B	B	N	M	A	S	F	D	F	G	H	J	T
Q	W	B	R	T	Z	U	L	X	S	O	N	N	E
U	I	O	P	Ü	A	X	U	Q	Q	W	E	Y	L
Y	Y	M	E	E	R	Y	G	A	F	D	A	A	Q
Q	W	X	R	T	Z	U	Y	Y	X	C	V	B	N
E	R	T	Z	Z	U	I	O	P	P	P	Ü	X	Y
D	F	G	B	O	O	T	X	H	J	K	L	Ö	Ö
A	S	D	Q	W	E	Y	R	T	Y	V	B	N	M

Lösung

X	E	Q	E	T	Z	U	I	O	X	S	Q	Q	Q
Q	Q	U	X	Q	W	R	R	T	T	C	T	U	U
S	T	R	A	N	D	Z	Z	H	H	H	J	I	P
Y	X	L	A	S	W	W	A	Q	V	I	B	B	T
R	T	A	Y	Q	W	X	U	S	D	F	D	F	H
F	G	U	H	J	K	L	S	Ö	Y	F	X	C	O
V	B	B	N	M	A	S	F	D	F	G	H	J	T
Q	W	B	R	T	Z	U	L	X	S	O	N	N	E
U	I	O	P	Ü	A	X	U	Q	Q	W	E	Y	L
Y	Y	M	E	E	R	Y	G	A	F	D	A	A	Q
Q	W	X	R	T	Z	U	Y	Y	X	C	V	B	N
E	R	T	Z	Z	U	I	O	P	P	P	Ü	X	Y
D	F	G	B	O	O	T	X	H	J	K	L	Ö	Ö
A	S	D	Q	W	E	Y	R	T	Y	V	B	N	M

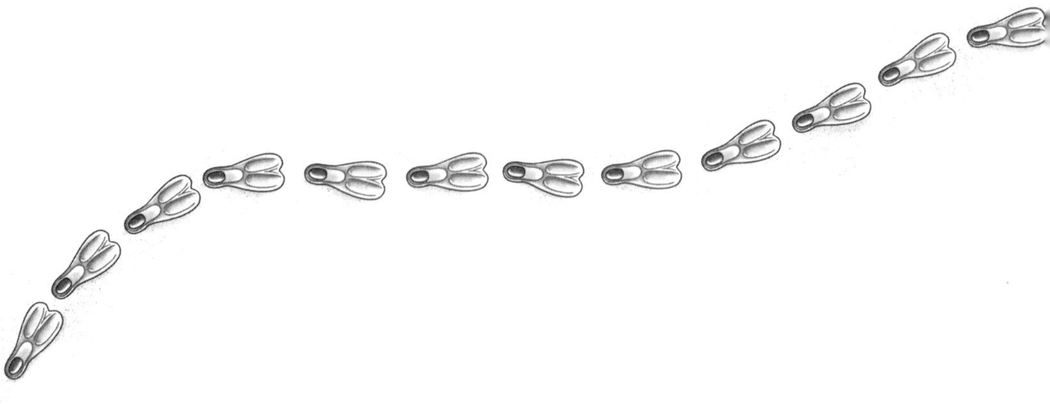

Wo geht's lang?

Ritter Kunibert ist mit dem Drachen am Strand verabredet.
Hilf ihm, den richtigen Weg zu finden.

Lösung

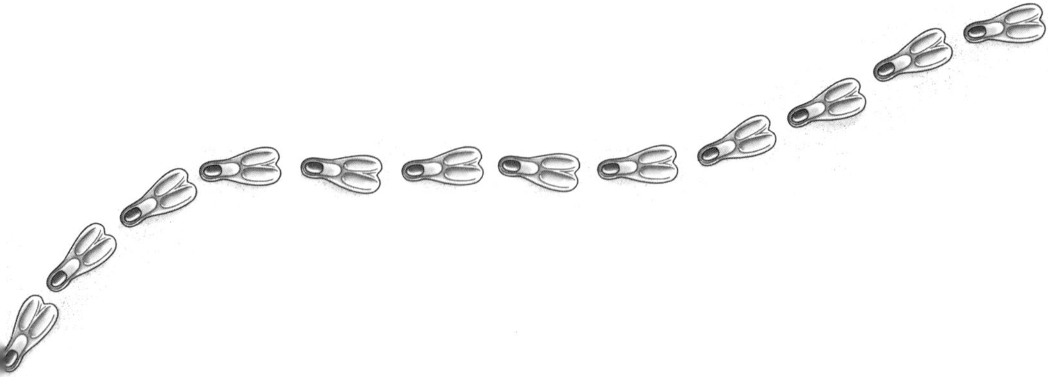

Scherzkekse

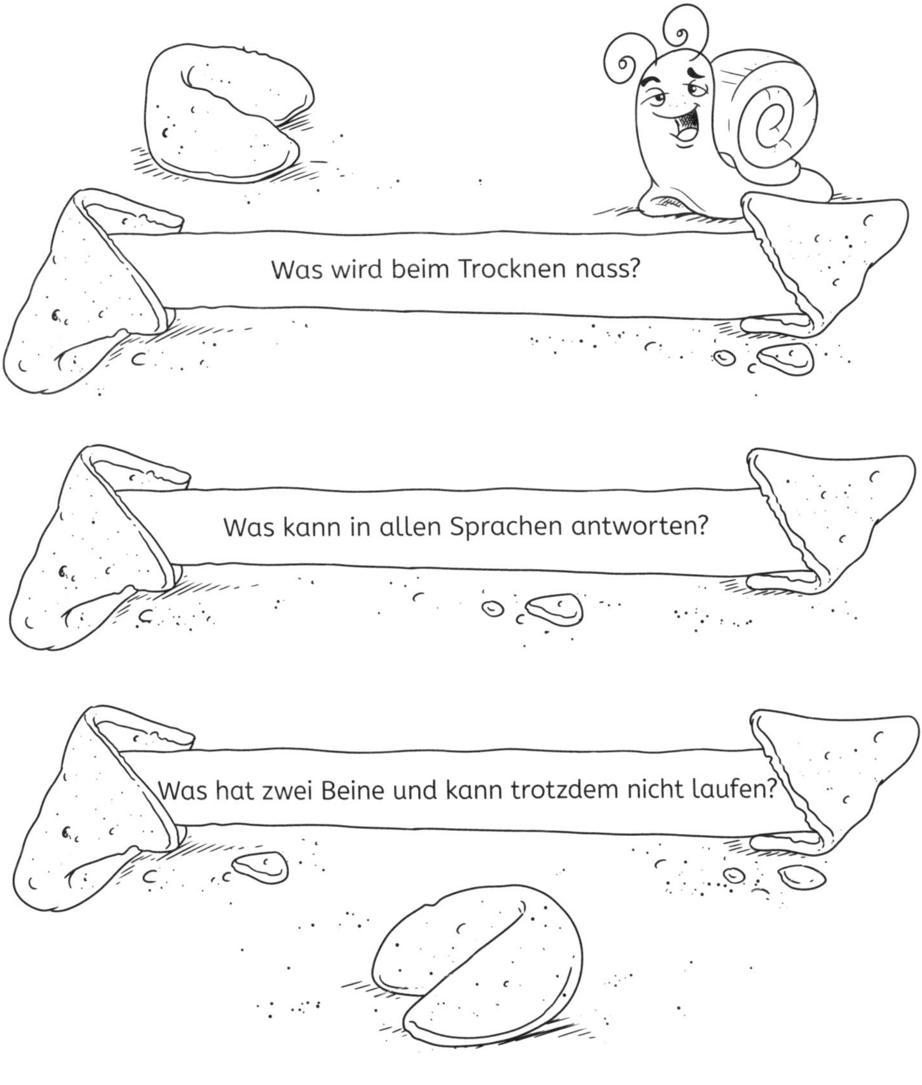

Lösung

Was wird beim Trocknen nass? – ein Handtuch

Was kann in allen Sprachen antworten? – das Echo

Was hat zwei Beine und kann trotzdem nicht laufen? – eine Hose

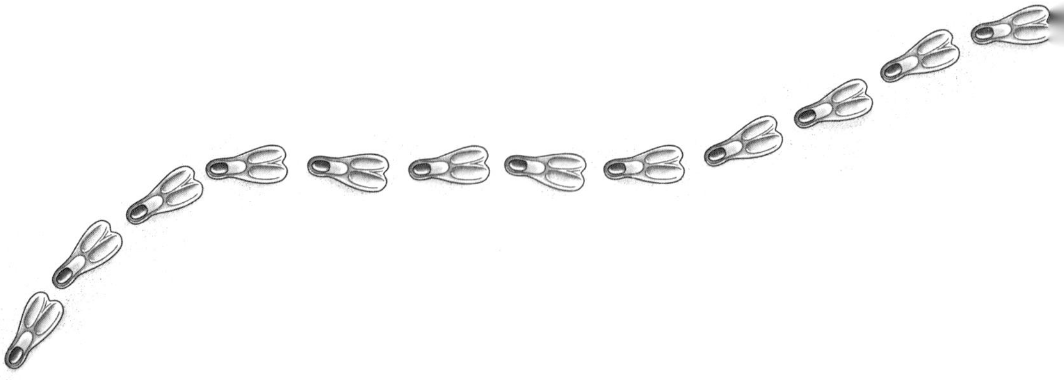

Baumeister

Wie viele Würfel wurden verbaut?
Schau genau und zähle.

Lösung

20 Würfel wurden verbaut!

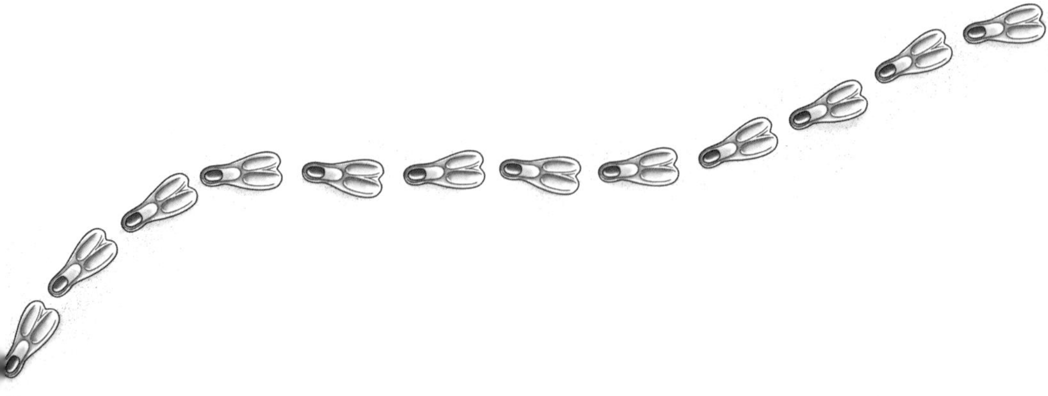

Spurensucher

Welcher Fußabdruck gehört zu welchem Kind?

Fahre mit 4 Farben nach.

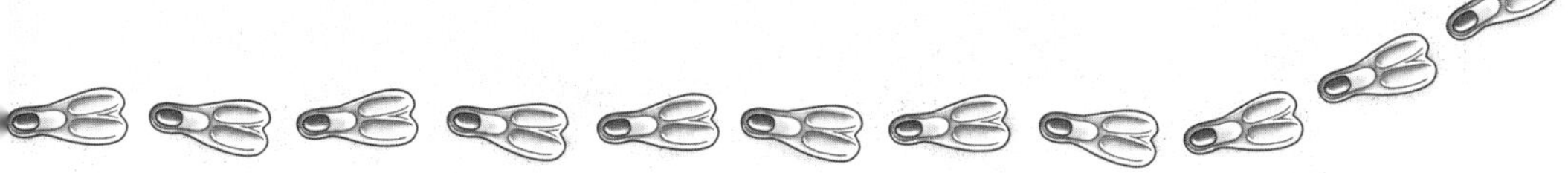

Lösung

1 > B

2 > C

3 > D

4 > A

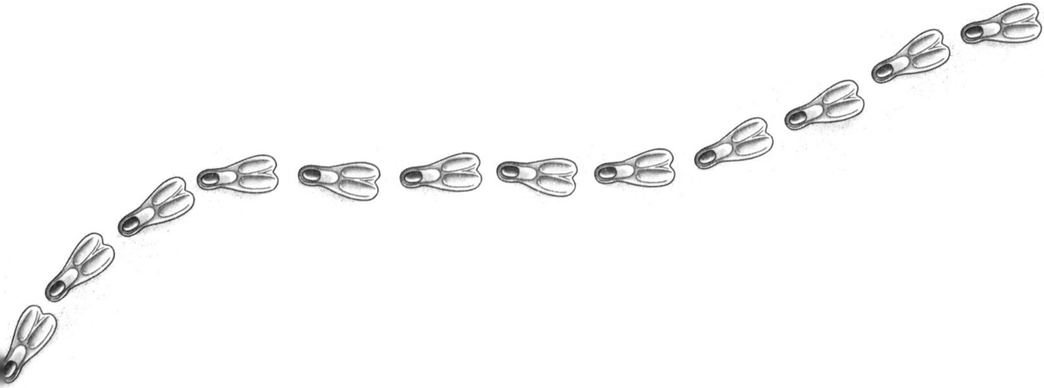

Zahlensudoku

Fülle die leeren Felder. Jede Zahl darf in jeder Reihe und Spalte nur 1 x verwendet werden.

1	4		2
		1	
2		4	
4			3

Lösung

1	4	3	2
3	2	1	4
2	3	4	1
4	1	2	3

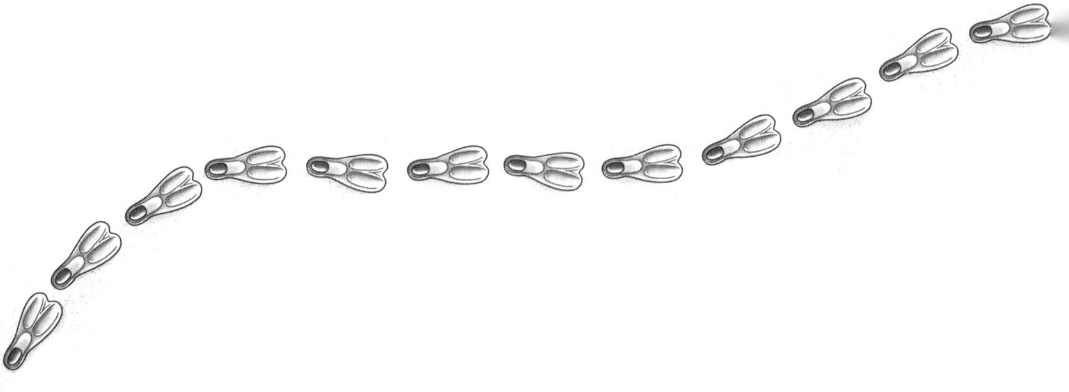

Adlerauge

In jeder Spalte findest du die Anordnung
von oben genau einmal. Umkreise sie.

Lösung

○△□▭	△□▭○	□○△▭
○△▭□	▭□△△	○△▭□
▭□△△	○△▭□	▭□△△
○△□▭	▭□△□	○△▭□
○△▭□	**△□▭○**	▭□△□
▭□△△	○△▭□	**□○△▭**
▭□△□	▭□△△	○△▭□

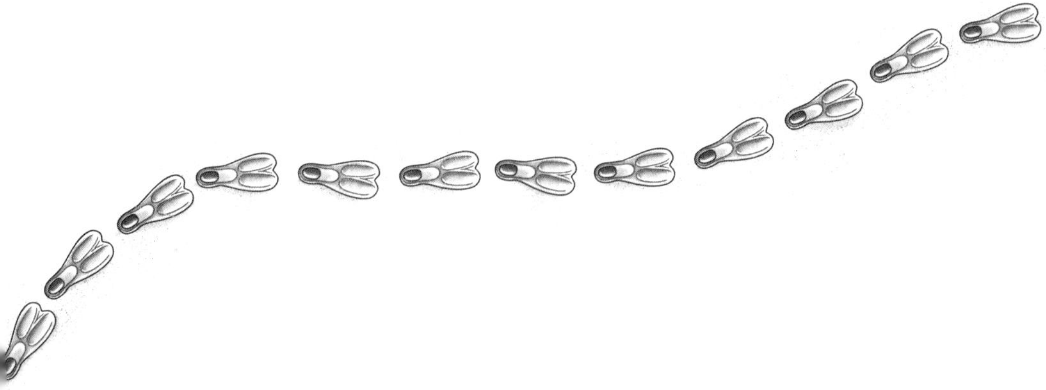

Wortsuche

Welches Wort ist gesucht? Aus den Buchstaben der Bilderwörter entsteht ein neues Wort.

Tipp: Schreibe die Wörter auf und streiche die entsprechenden Buchstaben durch.

1 ~~2~~ 3 | 1=L 2 3 ~~4~~ | 1 ~~2~~ ~~3~~

__ __ | __ __ __ | __

Lösung

Urlaub

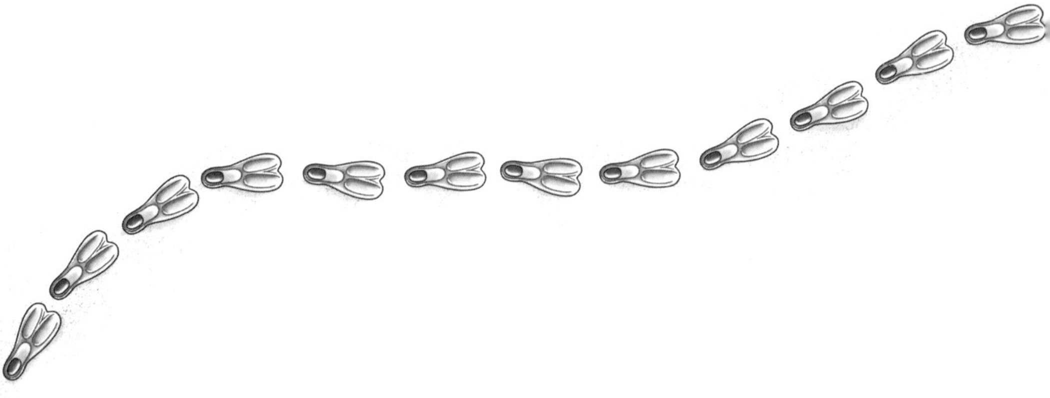

Such mich!

Finde 10 Weltall-Wörter im Gitter:
Mond, Rakete, Astronaut, Planet, Sonne,
Sterne, Erde, Raumschiff, Weltall, UFO.

E	E	R	T	Z	Z	Q	W	Q	W	E	R	R	R
X	M	O	N	D	Y	A	E	Y	S	D	F	A	G
G	H	J	J	K	L	Ö	L	Ö	Y	X	C	U	Y
R	A	K	E	T	E	X	T	W	E	D	T	M	X
X	S	Q	W	E	X	C	A	C	C	V	B	S	N
M	T	M	P	N	A	S	L	D	F	G	H	C	H
H	R	J	L	K	K	L	L	Ö	Q	W	E	H	C
V	O	Y	A	Y	S	D	F	G	H	J	K	I	L
L	N	L	N	J	Y	U	F	O	W	E	S	F	C
C	A	Y	E	D	D	F	G	Y	X	E	R	F	V
V	U	B	T	X	S	T	E	R	N	E	R	X	R
R	T	T	Z	U	I	I	O	P	Ü	R	Y	V	B
B	X	W	E	A	S	D	F	G	G	D	H	J	J
S	O	N	N	E	Y	X	D	F	G	E	H	E	R

Lösung

E	E	R	T	Z	Z	Q	W	Q	W	E	R	R	R
X	M	O	N	D	Y	A	E	Y	S	D	F	A	G
G	H	J	J	K	L	Ö	L	Ö	Y	X	C	U	Y
R	A	K	E	T	E	X	T	W	E	D	T	M	X
X	S	Q	W	E	X	C	A	C	C	V	B	S	N
M	T	M	P	N	A	S	L	D	F	G	H	C	H
H	R	J	L	K	K	L	L	Ö	Q	W	E	H	C
V	O	Y	A	Y	S	D	F	G	H	J	K	I	L
L	N	L	N	J	Y	U	F	O	W	E	S	F	C
C	A	Y	E	D	D	F	G	Y	X	E	R	F	V
V	U	B	T	X	S	T	E	R	N	E	R	X	R
R	T	T	Z	U	I	I	O	P	Ü	R	Y	V	B
B	X	W	E	A	S	D	F	G	G	D	H	J	J
S	O	N	N	E	Y	X	D	F	G	E	H	E	R

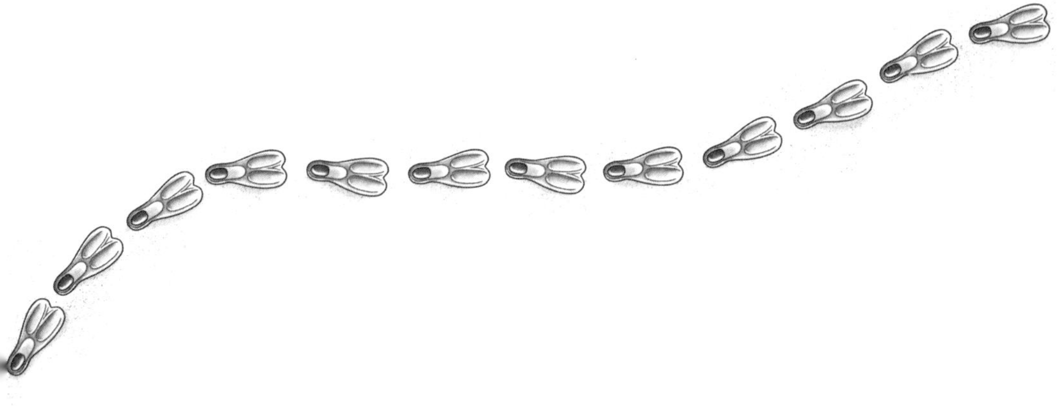

Schatzsuche

Wo ist der Schatz versteckt? Beginne deine Suche in Feld G4 und folge den Pfeilen.

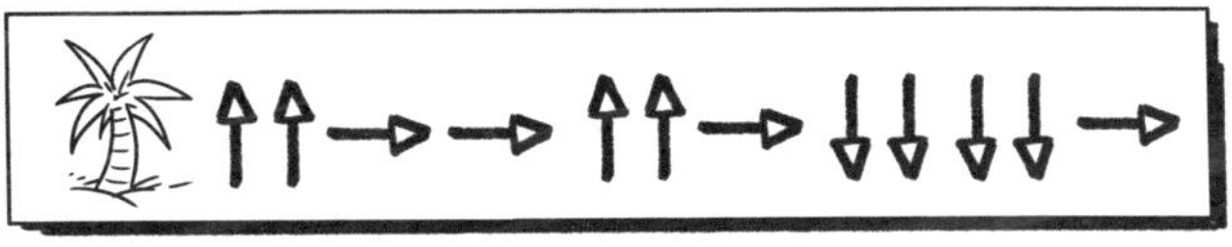

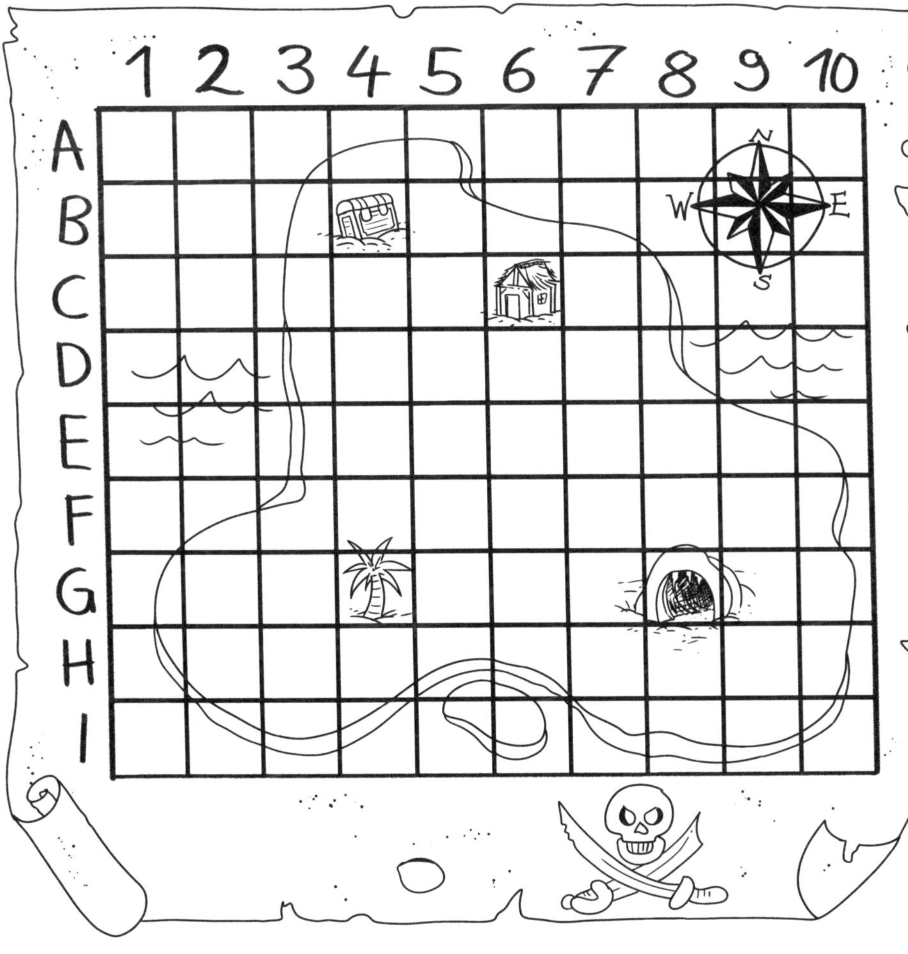

Lösung

Der Schatz liegt in der Höhle in G8.

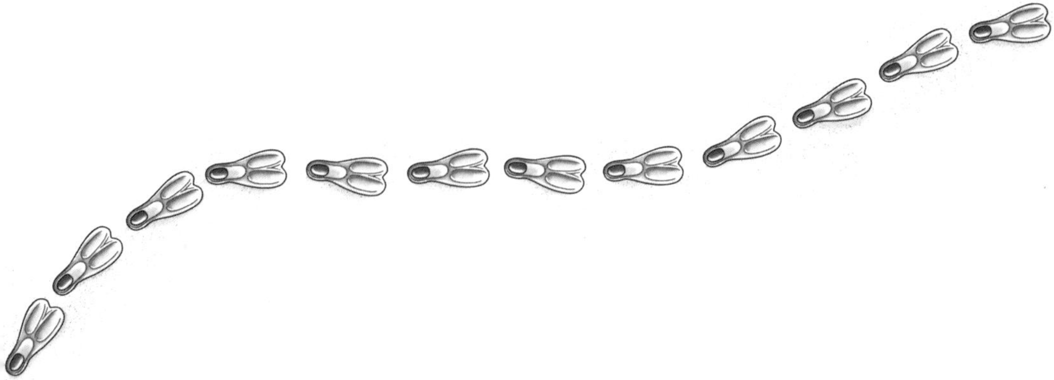

Scherzkekse

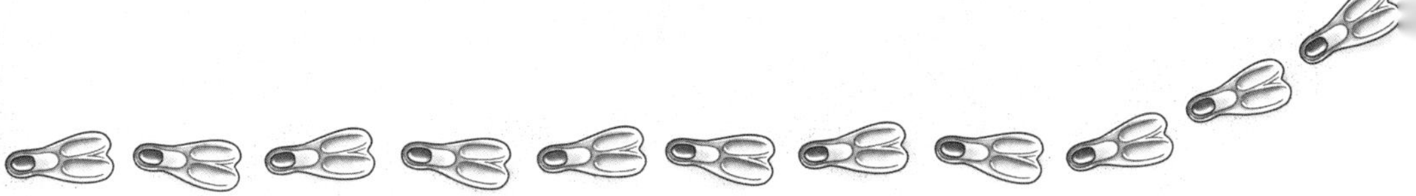

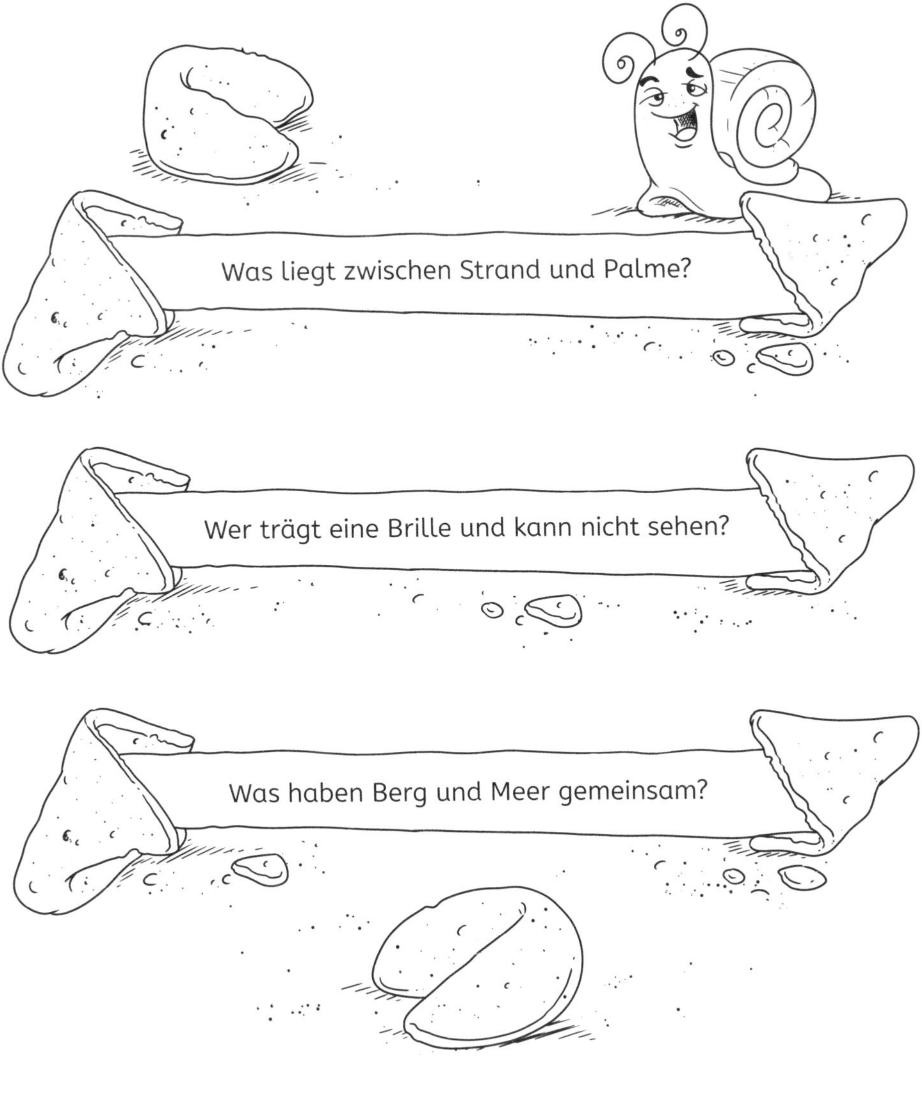

Lösung

Was liegt zwischen Strand und Palme? – Das „und“

Wer trägt eine Brille und kann nicht sehen? – Die Nase

Was haben Berg und Meer gemeinsam? – Sie haben jeweils 4 Buchstaben.

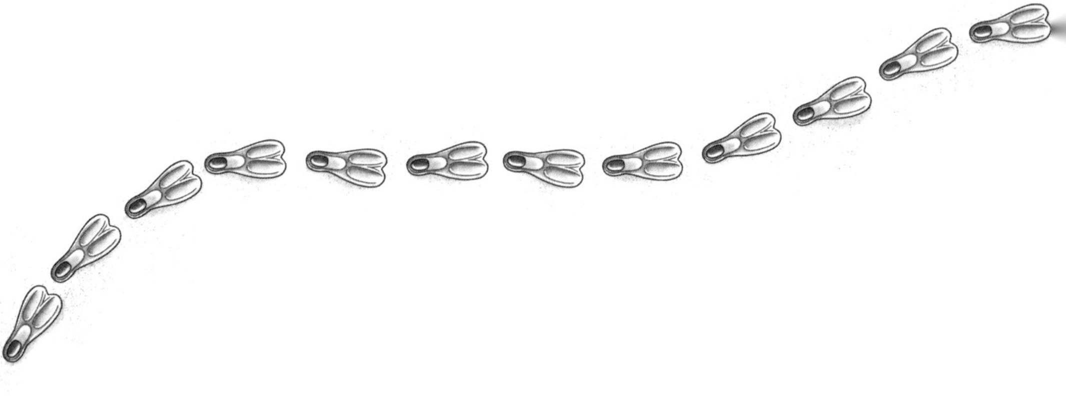

Immer GERADE aus

Wie kommt der Taucher ins Boot? Er darf nur über Felder tauchen, die gerade Zahlen haben.

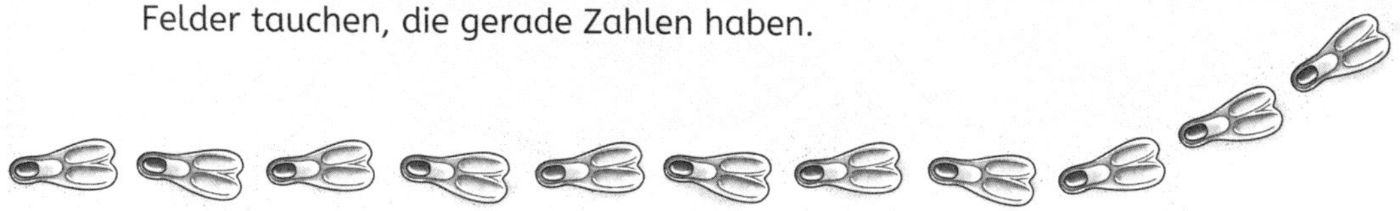

6	7	21	47	13
24	39	24	30	42
50	15	28	43	11
72	9	60	89	9
8	22	18	69	27

Lösung

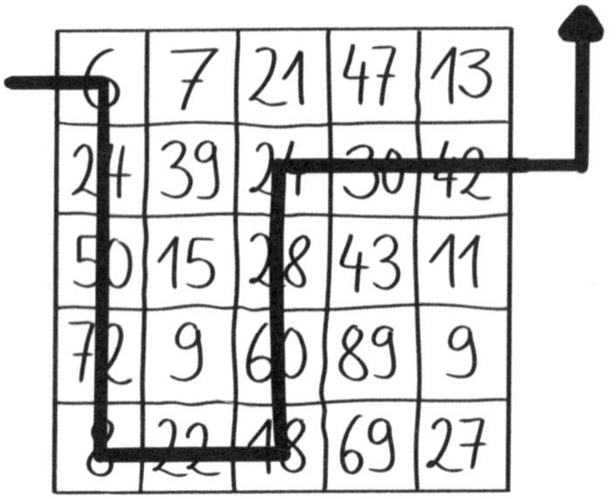

6	7	21	47	13
24	39	27	30	42
50	15	28	43	11
72	9	60	89	9
8	22	18	69	27

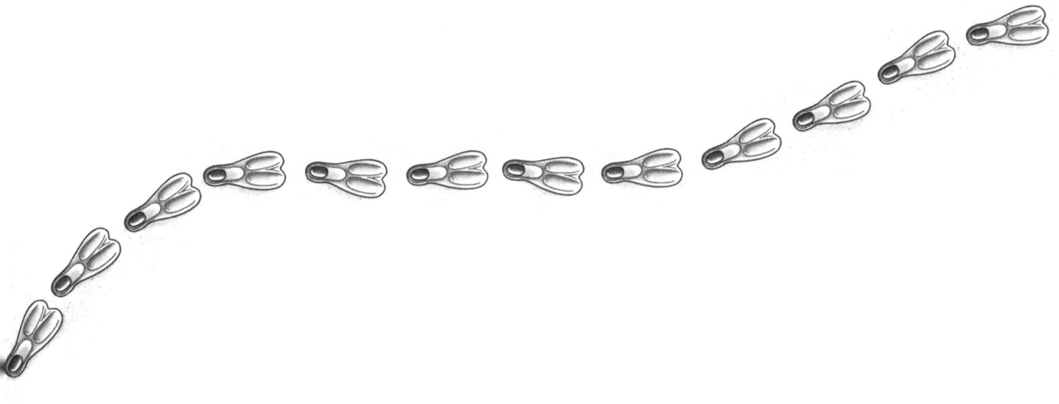

Wetterfrosch

Finde die passenden Wörter zu den Bildern.

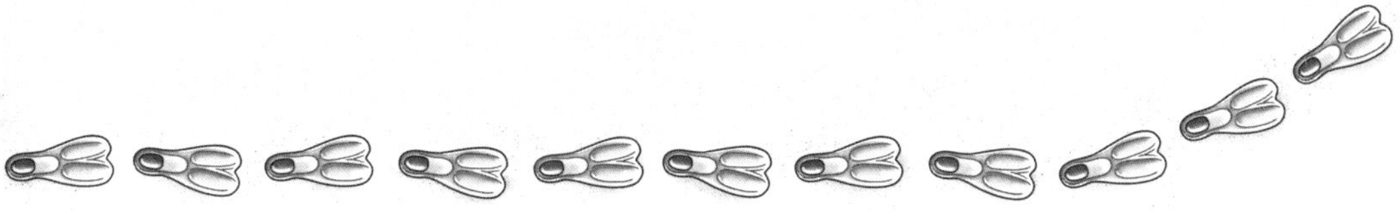

Lösung

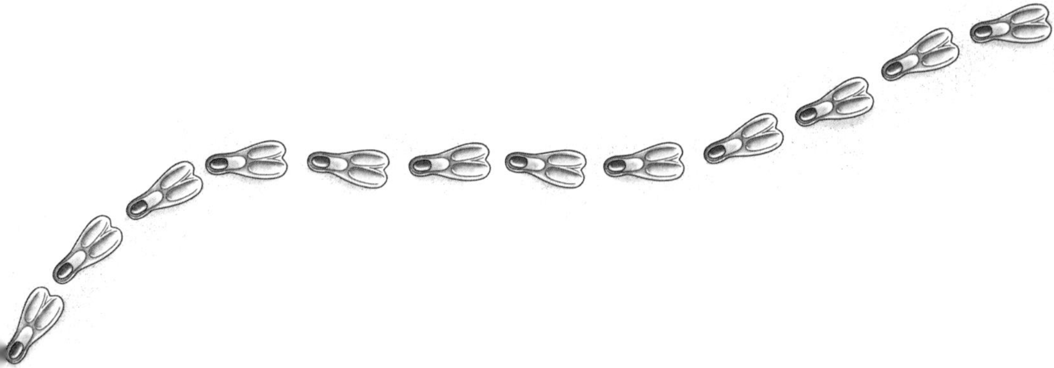

Wörtersudoku

Fülle die leeren Felder. Jedes Wort darf in jeder Reihe und Spalte nur 1 x verwendet werden.

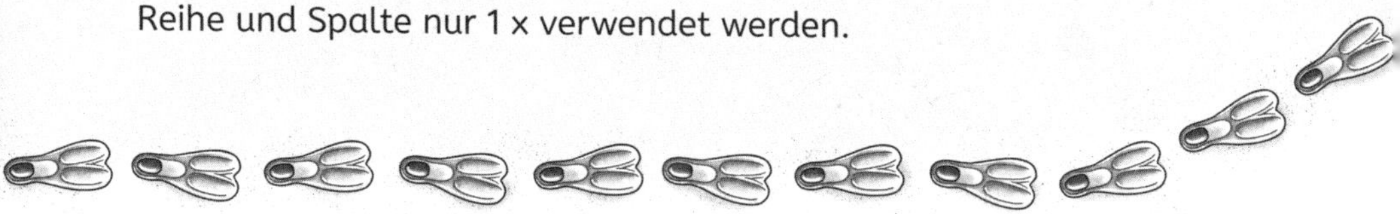

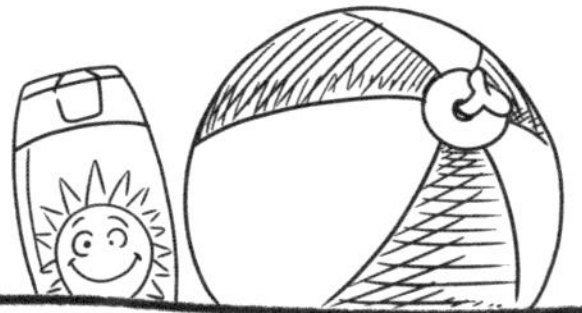

SONNE	HOTEL		MEER
		SONNE	
MEER		HOTEL	
HOTEL			STRAND

Lösung

SONNE	HOTEL	STRAND	MEER
STRAND	MEER	SONNE	HOTEL
MEER	STRAND	HOTEL	SONNE
HOTEL	SONNE	MEER	STRAND

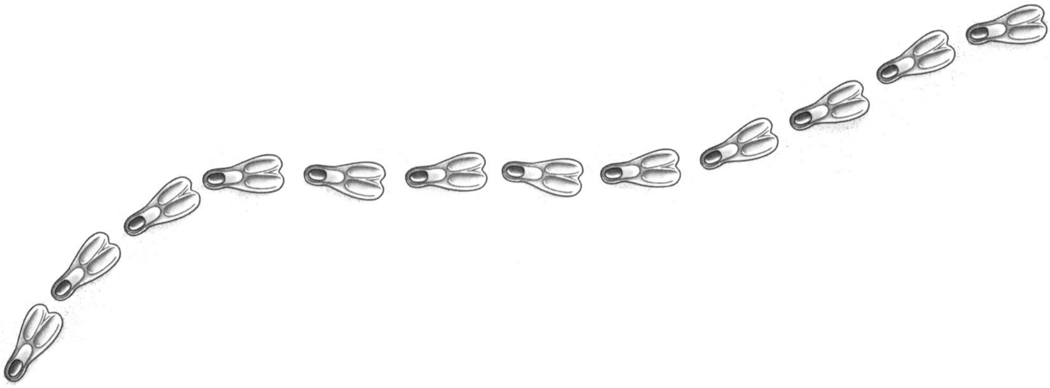

Schattenspender

Am Strand stehen 3 Sonnenschirme in den Farben rot, gelb und blau. Lies die Hinweise und male die Schirme richtig an.

Der blaue Sonnenschirm steht nicht in der Mitte.

Der rote Sonnenschirm steht rechts vom gelben.

Der linke Sonnenschirm ist nicht rot und nicht blau.

Lösung

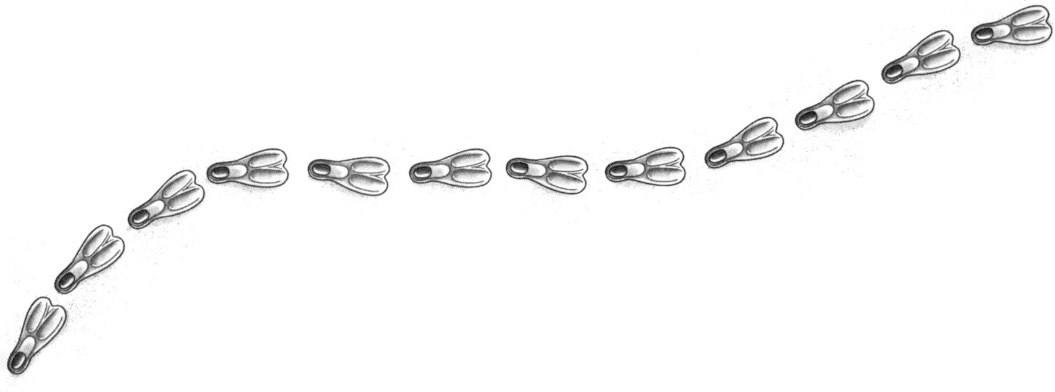

Zahlenmalerei

Finde in jeder Zeile die größte Zahl und male alle dazugehörigen Felder im Bild an.

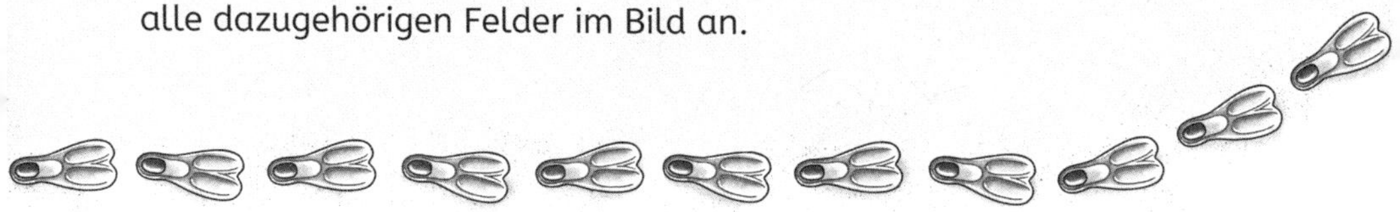

51	78	18	89	46	98	= blau
16	18	21	12	19	17	= gelb
10	16	37	50	48	25	= orange
27	45	58	78	87	16	= braun
60	57	79	75	57	18	= grün

Lösung

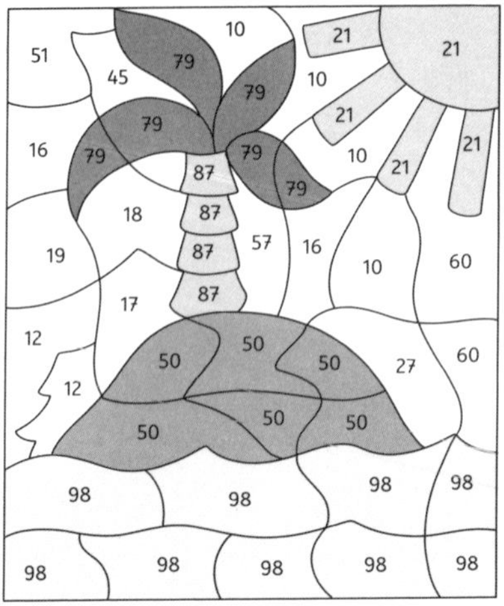

79 = grün
21 = gelb
87 = braun
50 = orange
98 = blau

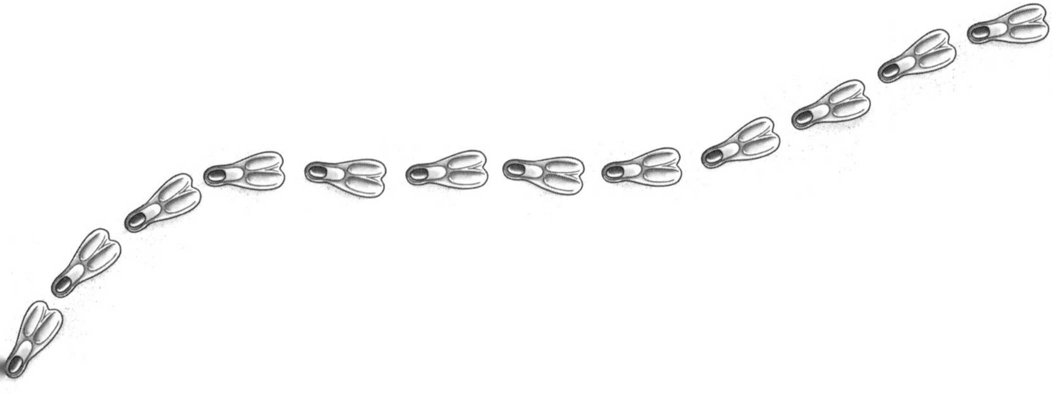

Such mich!

Finde 9 Flieger-Wörter im Gitter:
Helikopter, Hubschrauber, Flugzeug, Rakete, UFO,
Drohne, Heißluftballon, Zeppelin, Luftschiff.

Y	L	X	Q	W	E	T	Z	Z	I	O	O	P	F
H	U	B	S	C	H	R	A	U	B	E	R	X	L
C	F	R	T	Z	X	I	O	P	A	A	A	S	U
S	T	X	D	F	G	H	J	K	L	L	K	Ö	G
Ä	S	Y	X	C	C	V	B	I	X	N	E	X	Z
C	C	V	Z	U	I	X	P	Ü	A	Q	T	Q	E
Q	H	E	L	E	V	A	N	N	R	X	E	T	U
L	I	S	W	E	R	R	T	T	Z	U	I	X	G
O	F	D	D	E	D	R	O	H	N	E	C	C	V
V	F	V	H	E	L	I	K	O	P	T	E	R	X
T	Z	U	I	O	P	Ü	L	K	J	H	G	F	F
F	Z	E	P	P	E	L	I	N	F	D	D	U	A
A	S	D	C	V	B	N	N	M	Z	R	S	F	S
H	E	I	ß	L	U	F	T	B	A	L	L	O	N

Lösung

Y	L	X	Q	W	E	T	Z	Z	I	O	O	P	F
H	U	B	S	C	H	R	A	U	B	E	R	X	L
C	F	R	T	Z	X	I	O	P	A	A	A	S	U
S	T	X	D	F	G	H	J	K	L	L	K	Ö	G
Ä	S	Y	X	C	C	V	B	I	X	N	E	X	Z
C	C	V	Z	U	I	X	P	Ü	A	Q	T	Q	E
Q	H	E	L	E	V	A	N	N	R	X	E	T	U
L	I	S	W	E	R	R	T	T	Z	U	I	X	G
O	F	D	D	E	D	R	O	H	N	E	C	C	V
V	F	V	H	E	L	I	K	O	P	T	E	R	X
T	Z	U	I	O	P	Ü	L	K	J	H	G	F	F
F	Z	E	P	P	E	L	I	N	F	D	D	U	A
A	S	D	C	V	B	N	N	M	Z	R	S	F	S
H	E	I	β	L	U	F	T	B	A	L	L	O	N

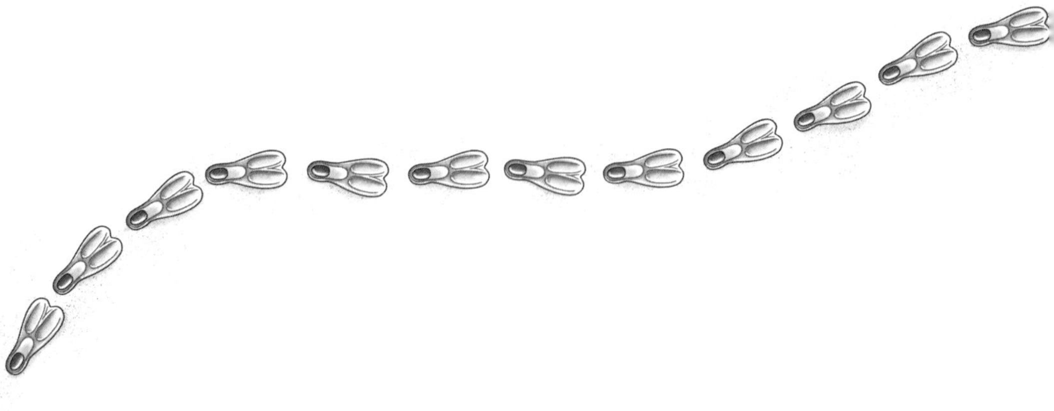

Vier gewinnt

Finde immer 4 gleiche Bilder nebeneinander oder untereinander und umrande sie.

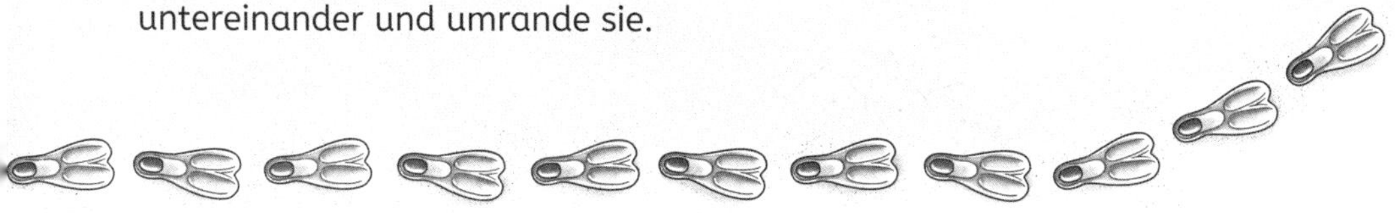

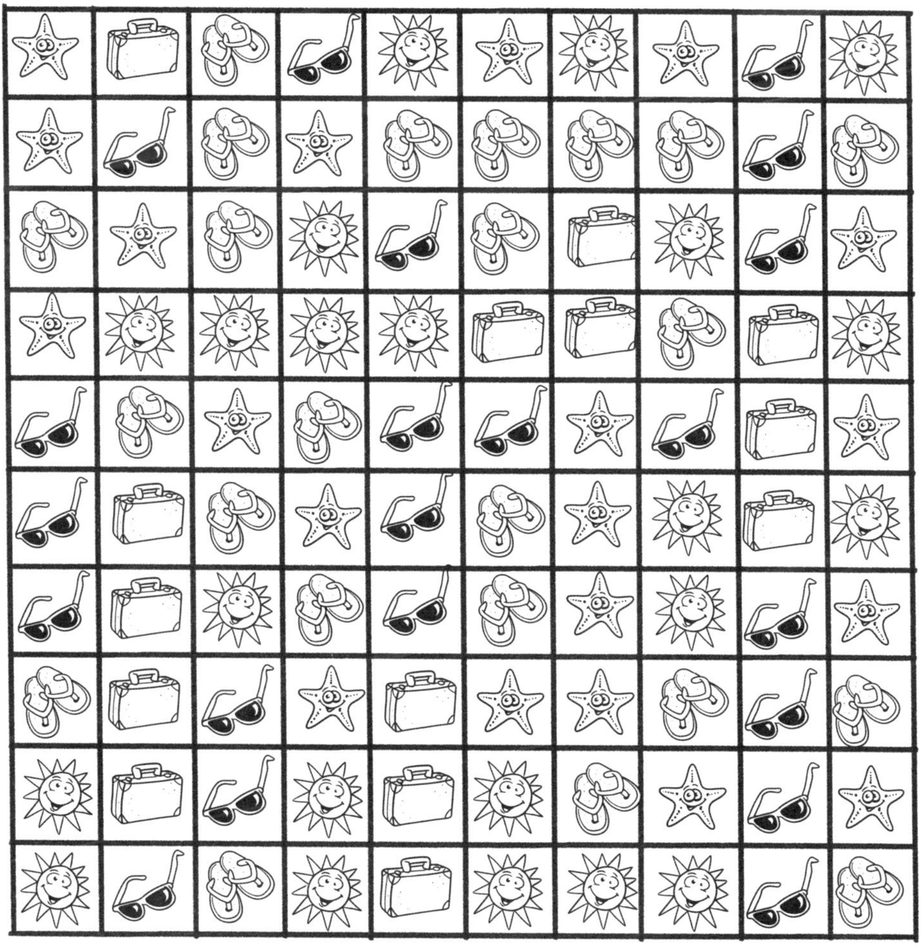

Lösung

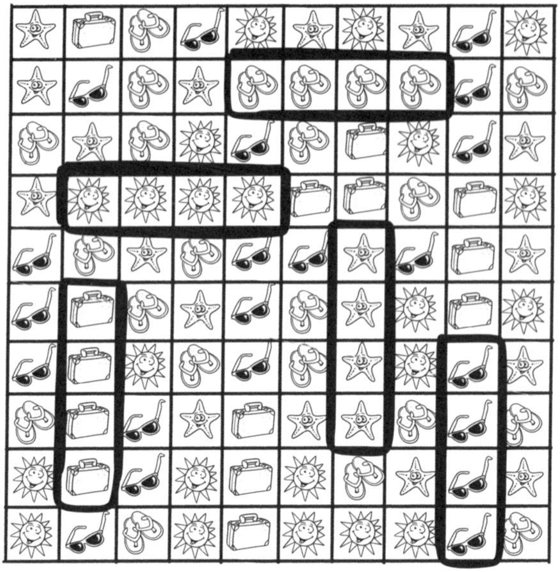

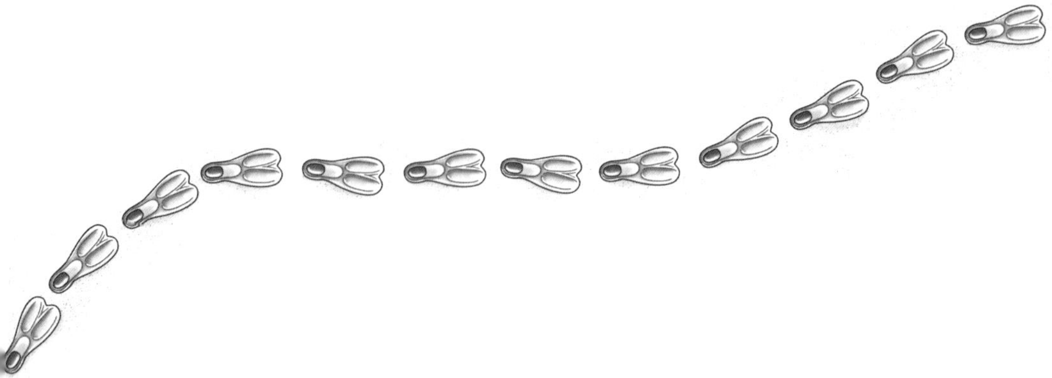

Scherzkekse

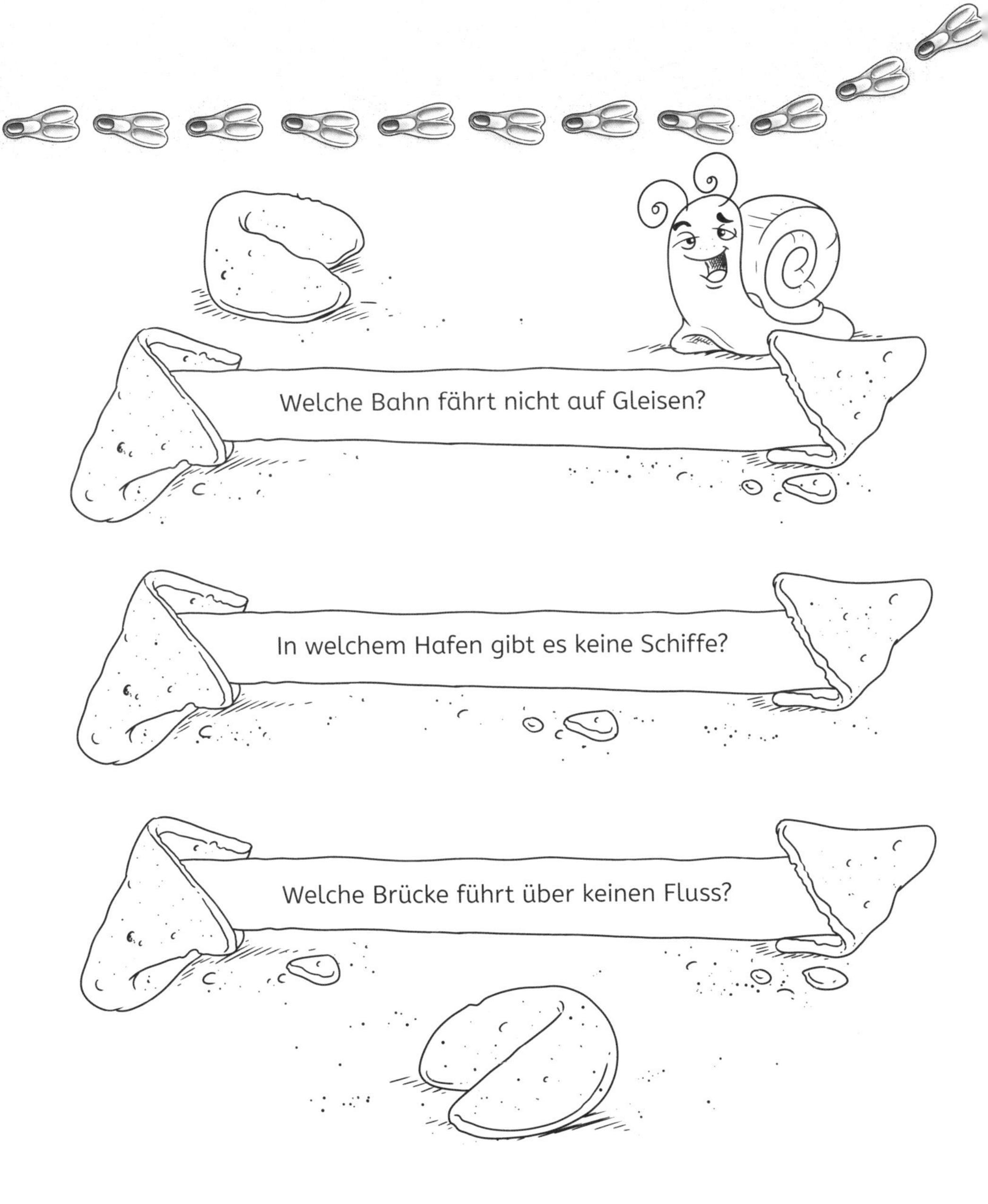

Lösung

Welche Bahn fährt nicht auf Gleisen? – Autobahn
In welchem Hafen gibt es keine Schiffe? – Flughafen
Welche Brücke führt über keinen Fluss? – Eselsbrücke

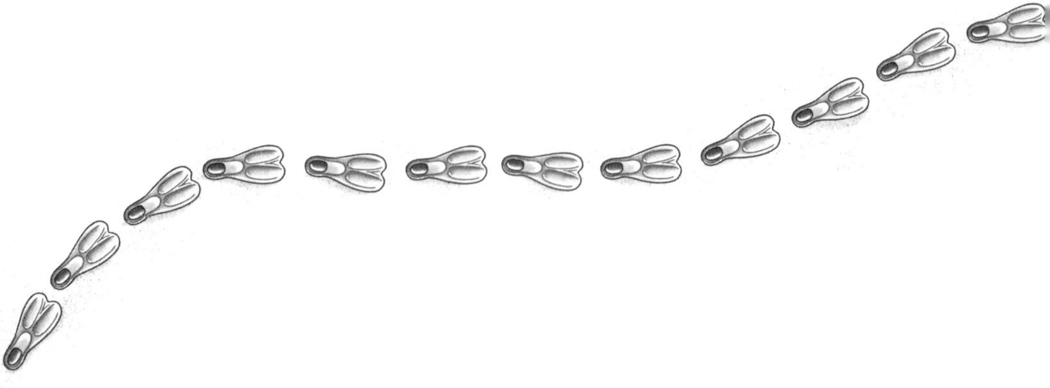

Wortmalerei

Je ein Wort ist anders – finde es und kreise es ein.

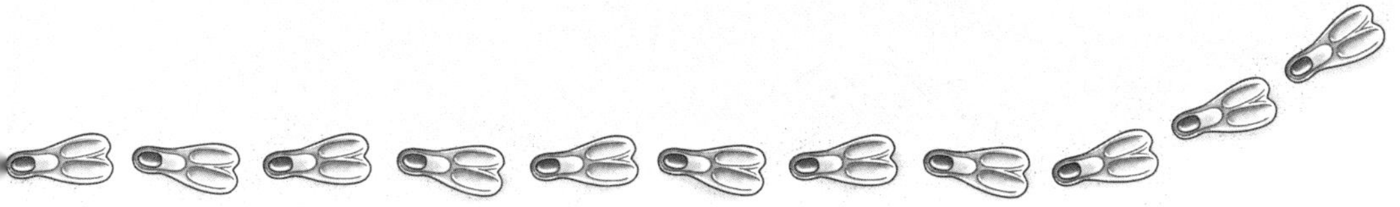

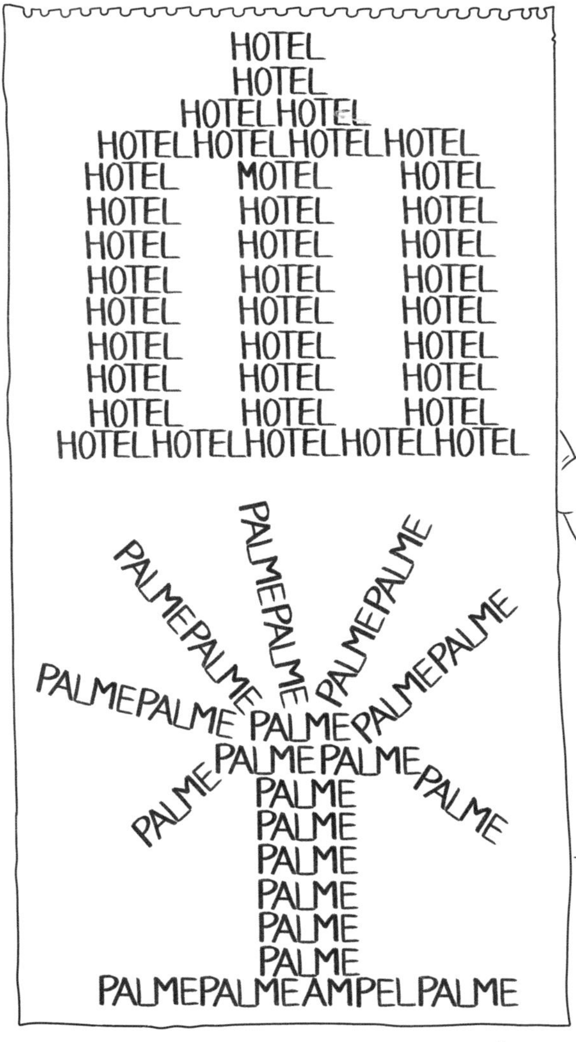

Lösung

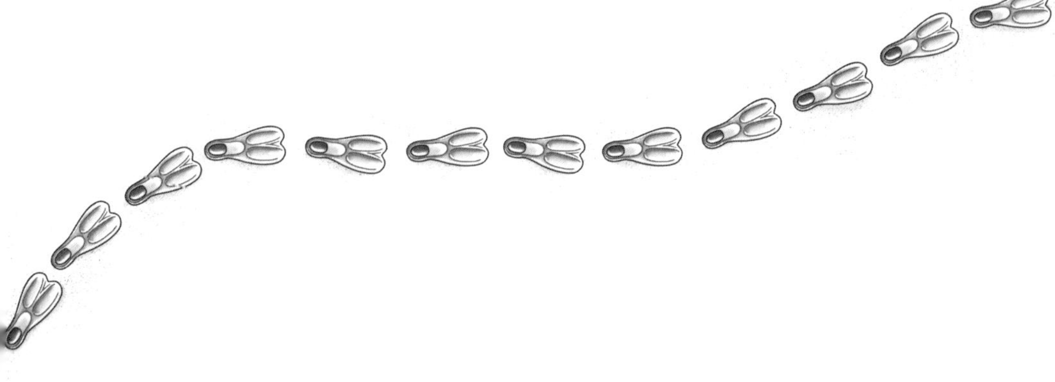

Zahlenbild

Verbinde die Zahlen in der richtigen Reihenfolge.

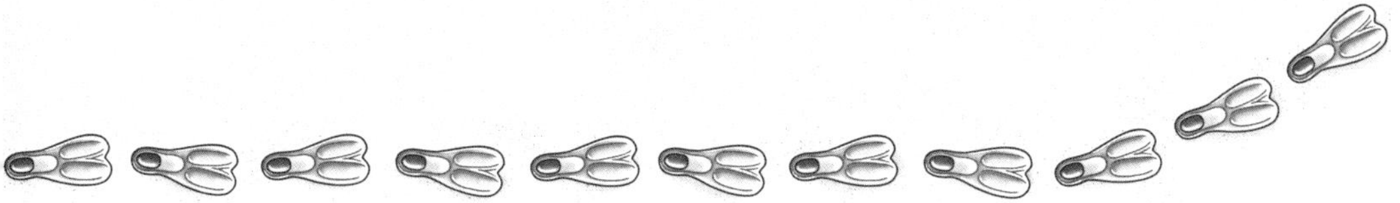

Lösung

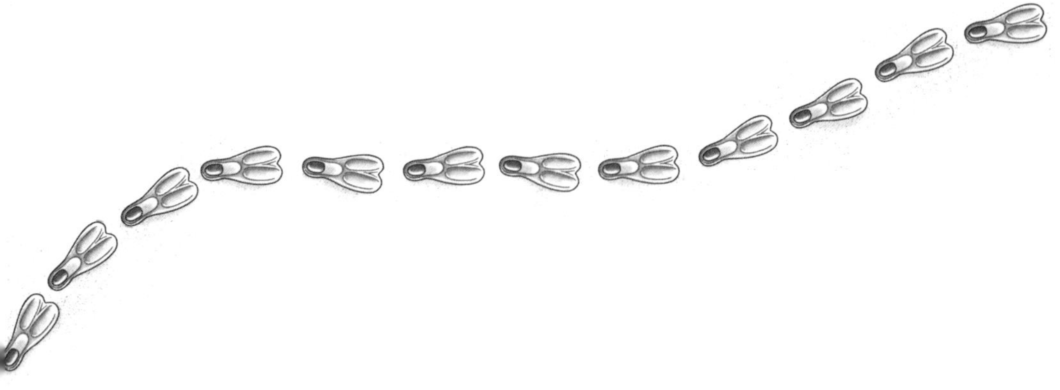

Zauberquadrate

Fülle die leeren Felder so, dass sich immer die Zahl 30 ergibt, egal, ob du von oben nach unten oder von rechts nach links zusammenzählst. Vergiss nicht die 0!

1	6	13	
12	11		7
2			
		3	4

2	9		
15			8
	10		6
12	7		11

Lösung

1	6	13	10
12	11	0	7
2	5	14	9
15	8	3	4

2	9	14	5
15	4	3	8
1	10	13	6
12	7	0	11

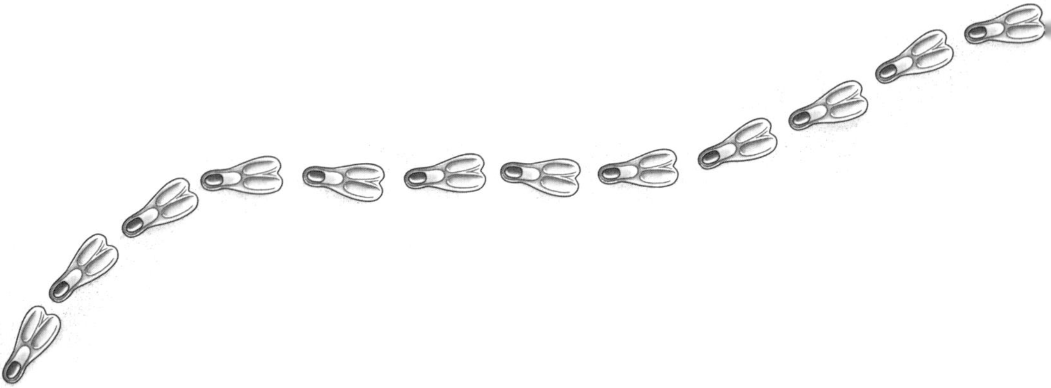

Tag am Meer

Max, Tom und Ole sind am Strand. Zusammen haben sie eine Sonnenbrille, einen Hut und ein Surfbrett dabei. Lies und finde heraus, wer was dabeihat. Male den Gegenstand zum entsprechenden Kind.

Der Junge mit dem Surfbrett steht nicht in der Mitte.
Ole trägt eine Sonnenbrille.
Der Junge mit dem Hut steht nicht links.

Lösung

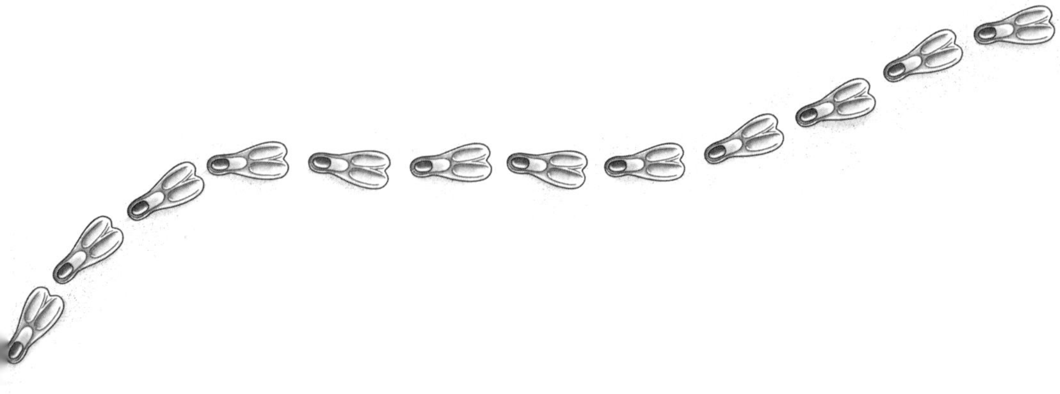

Geheim!

Wann und wo möchte sich Tom heimlich mit seinen Freunden treffen? Entziffere die Botschaft.

A	B	C	D	E	F	G	H	I	J	K	L	M	N	O	P	Q	R	S	T	U	V	W	X	Y	Z
Z	A	B	C	D	E	F	G	H	I	J	K	L	M	N	O	P	Q	R	S	T	U	V	W	X	Y

VHQ SQDEEDM TMR

W_ _   _ _ _ _ _ _ _ _   _ _ _

ADH RNMMDMTMSDQFZMF

_ _ _   _ _ _ _ _ _ _ _ _ _ _ _ _ _ _

ZL RDD

_ _   _ _ _

TOP SECRET

Lösung

WIR TREFFEN UNS
BEI SONNENUNTERGANG
AM SEE.

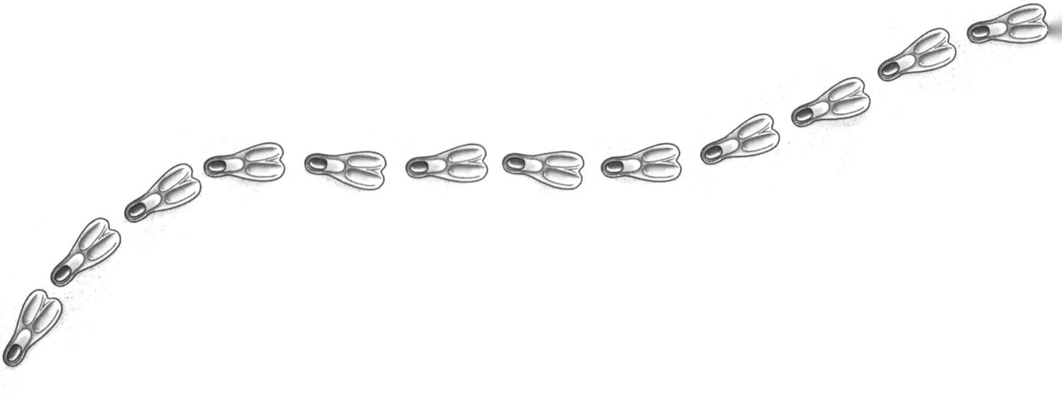

Such mich!

Finde 9 Camping-Wörter im Gitter:
Zelt, Lagerfeuer, Luftmatratze, Hering, Stockbrot, Rucksack, Schlafsack, Lieder, Wanderung

V	Z	V	W	E	R	H	F	F	G	H	J	K	L
L	E	K	L	A	G	E	R	F	E	U	E	R	X
I	L	L	I	X	A	R	U	S	S	H	J	U	K
A	T	E	E	R	T	I	X	C	U	S	S	C	S
B	L	R	D	U	S	N	S	A	S	D	F	K	G
G	G	E	E	R	T	G	Z	U	I	O	P	S	Ö
Ä	R	S	R	I	N	F	F	X	T	U	D	A	X
Y	C	A	R	U	I	S	S	L	A	X	B	C	R
R	S	T	O	C	K	B	R	O	T	Y	Q	K	W
W	U	R	T	T	Z	I	L	A	B	R	A	D	X
L	U	F	T	M	A	T	R	A	T	Z	E	T	U
Z	U	G	G	R	I	S	S	A	U	F	G	H	X
W	A	S	W	A	N	D	E	R	U	N	G	F	F
S	C	H	L	A	F	S	A	C	K	W	U	R	S

Lösung

V	Z	V	W	E	R	H	F	F	G	H	J	K	L
L	E	K	L	A	G	E	R	F	E	U	E	R	X
I	L	L	I	X	A	R	U	S	S	H	J	U	K
A	T	E	E	R	T	I	X	C	U	S	S	C	S
B	L	R	D	U	S	N	S	A	S	D	F	K	G
G	G	E	E	R	T	G	Z	U	I	O	P	S	Ö
Ä	R	S	R	I	N	F	F	X	T	U	D	A	X
Y	C	A	R	U	I	S	S	L	A	X	B	C	R
R	S	T	O	C	K	B	R	O	T	Y	Q	K	W
W	U	R	T	T	Z	I	L	A	B	R	A	D	X
L	U	F	T	M	A	T	R	A	T	Z	E	T	U
Z	U	G	G	R	I	S	S	A	U	F	G	H	X
W	A	S	W	A	N	D	E	R	U	N	G	F	F
S	C	H	L	A	F	S	A	C	K	W	U	R	S

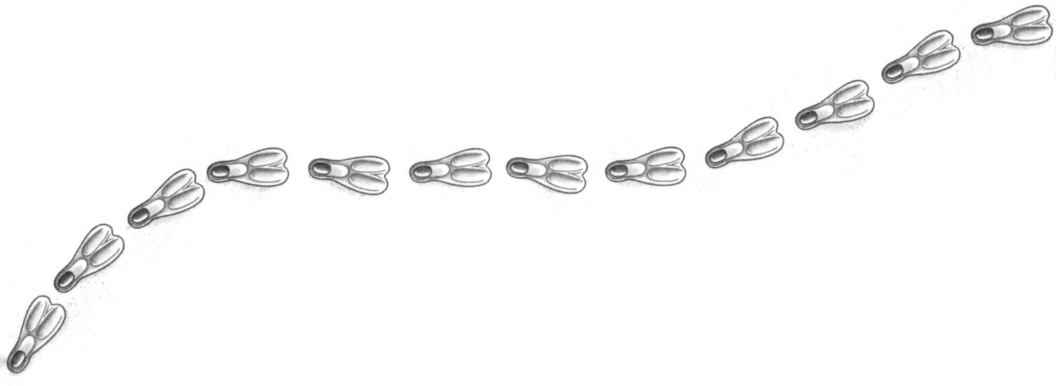

Eiszeit

Tim ist mit seinen Freunden zum Eisessen verabredet.
Finde den richtigen Weg und zeichne ihn nach.

Lösung

Weg Nr. 3

Scherzkekse

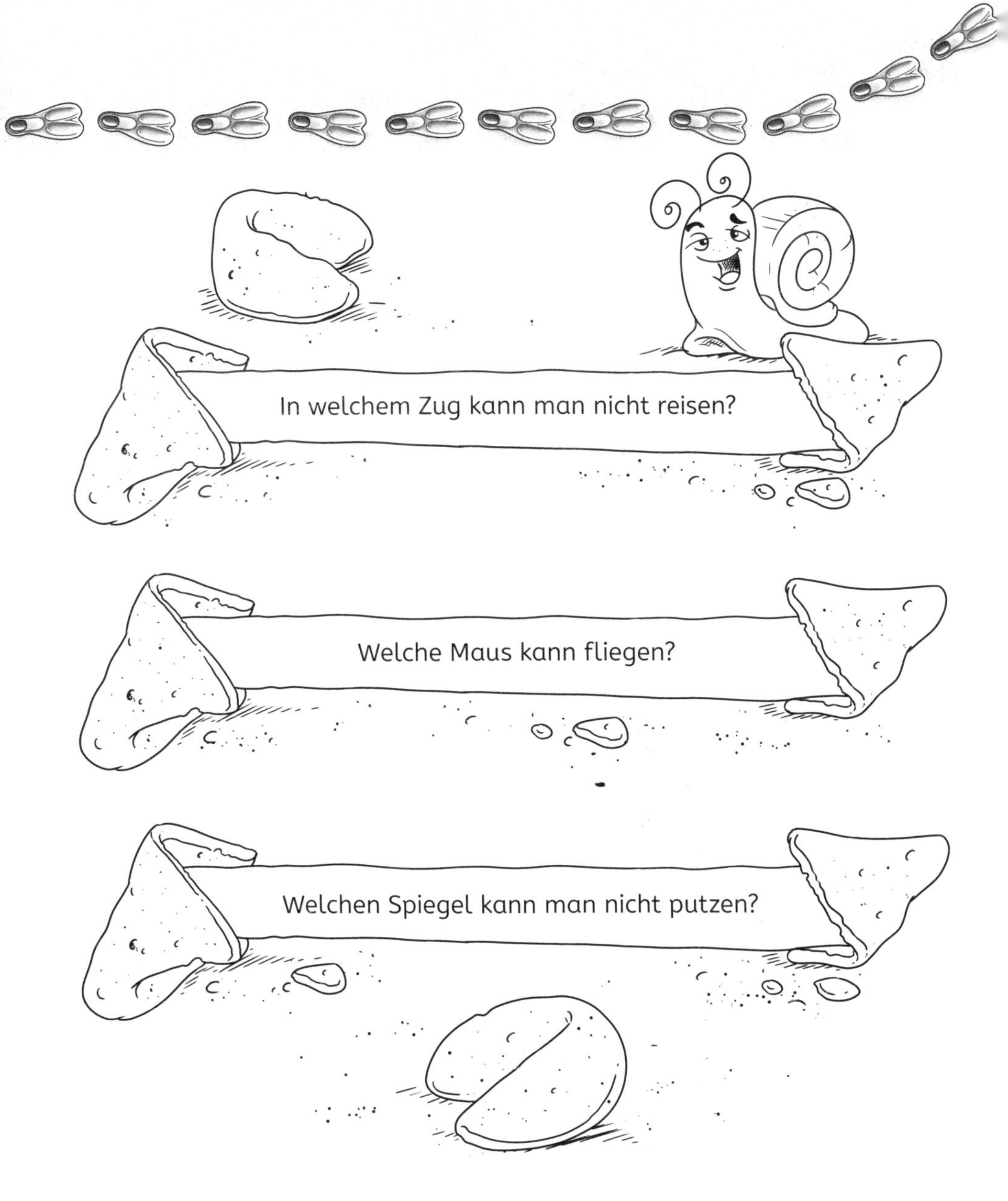

Lösung

In welchem Zug kann man nicht reisen? – Durchzug
Welche Maus kann fliegen? – Fledermaus
Welchen Spiegel kann man nicht putzen? – Meeresspiegel

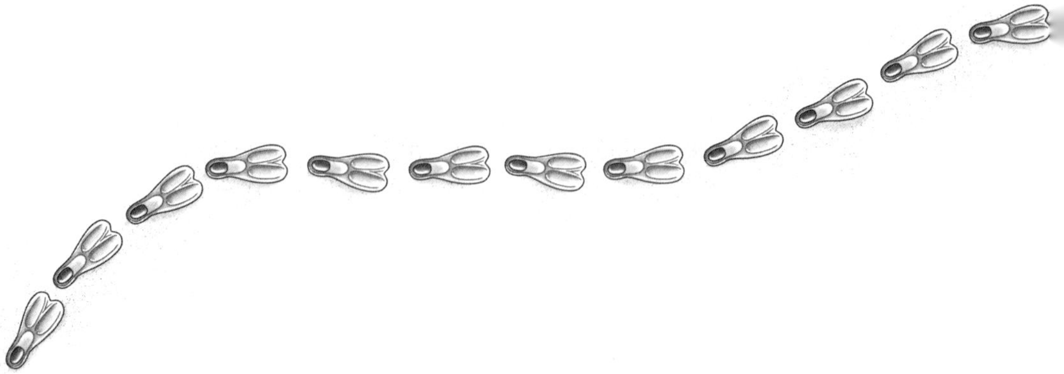

Reihenweise

Zeichne die Reihen richtig weiter.

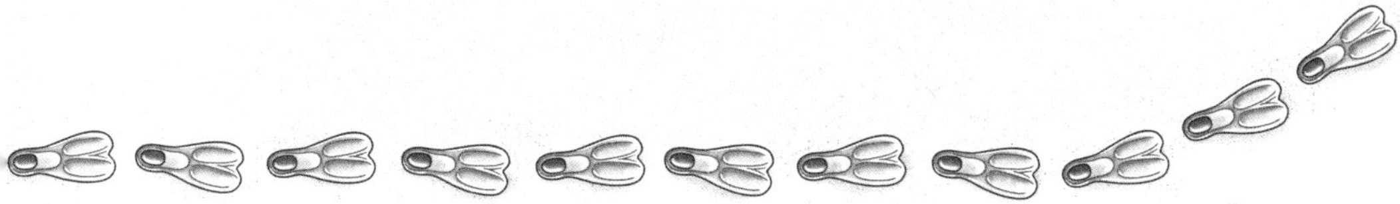

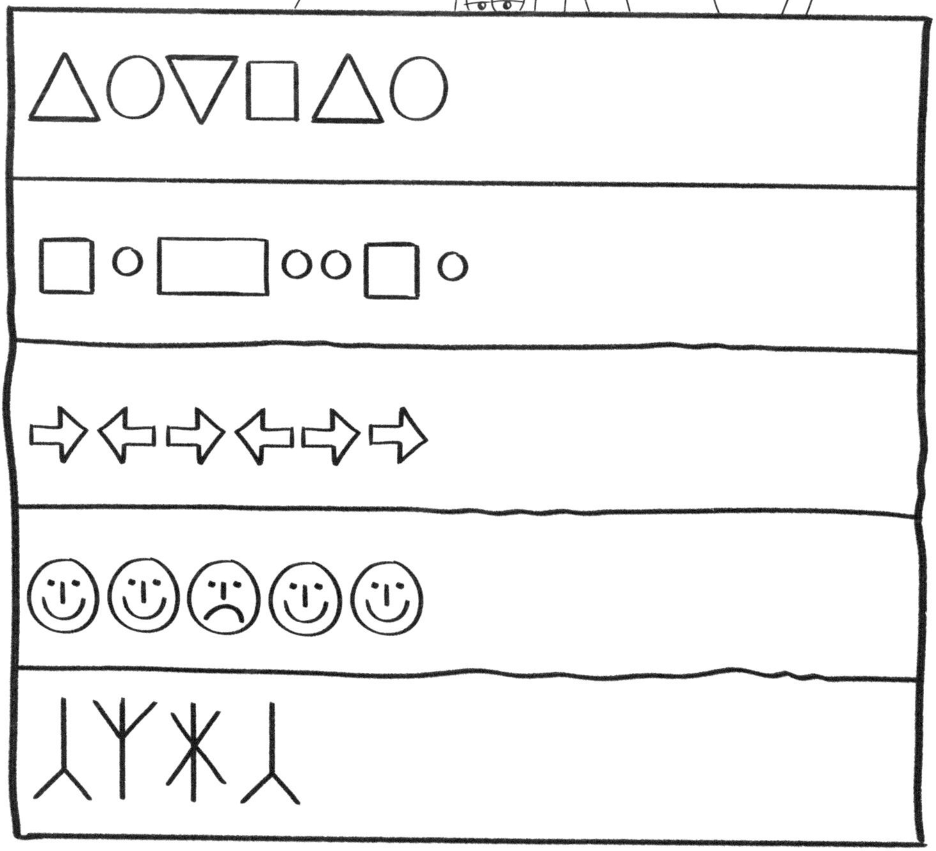

Lösung

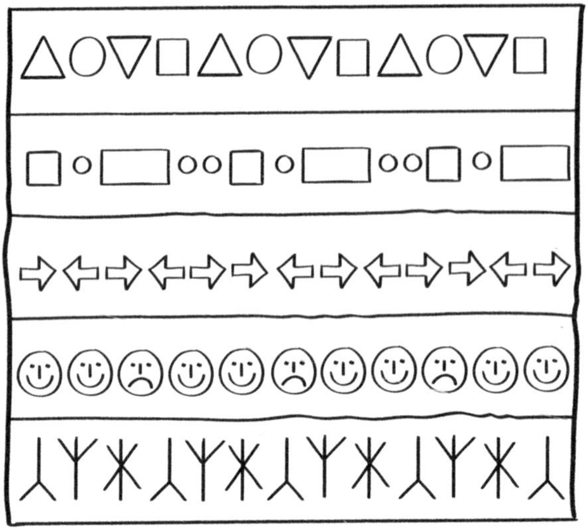

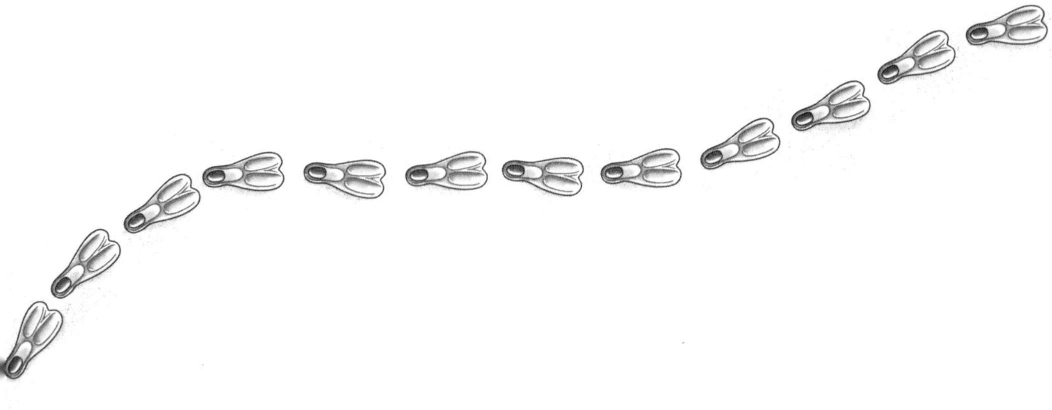

Ritterzeit

Beantworte die Fragen und trage die Antworten ein.

1. Worauf ritt der Ritter?
2. Wo lebte der Ritter?
3. Womit kämpfte der Ritter?
4. Wie hieß der Helfer des Ritters?
5. Wie heißt der beheizte Teil der Burg?
6. Was hatte der Ritter auf dem Kopf?
7. Womit schützte sich der Ritter bei Angriffen?

Lösungswort:

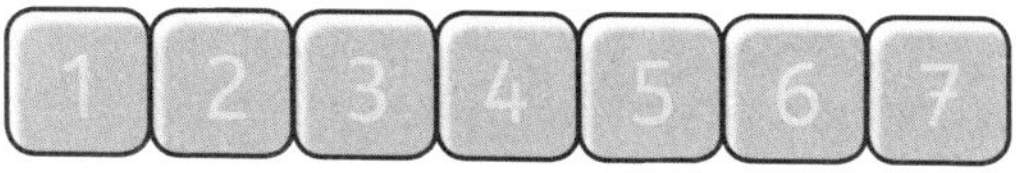

Lösung

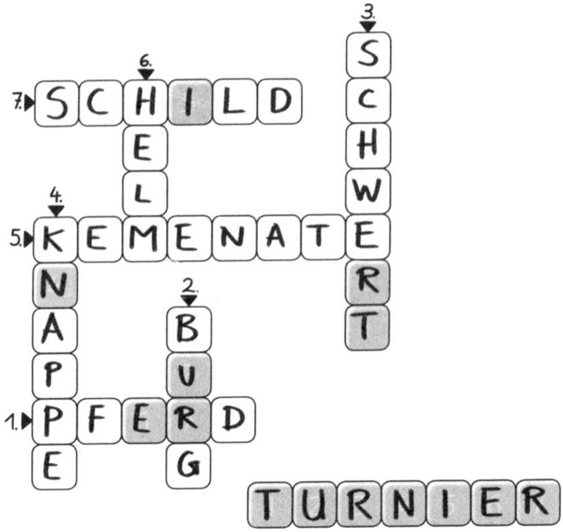

1. PFERD
2. BURG
3. SCHWERT
4. KNAPPE
5. KEMENATE
6. HELM
7. SCHILD
TURNIER

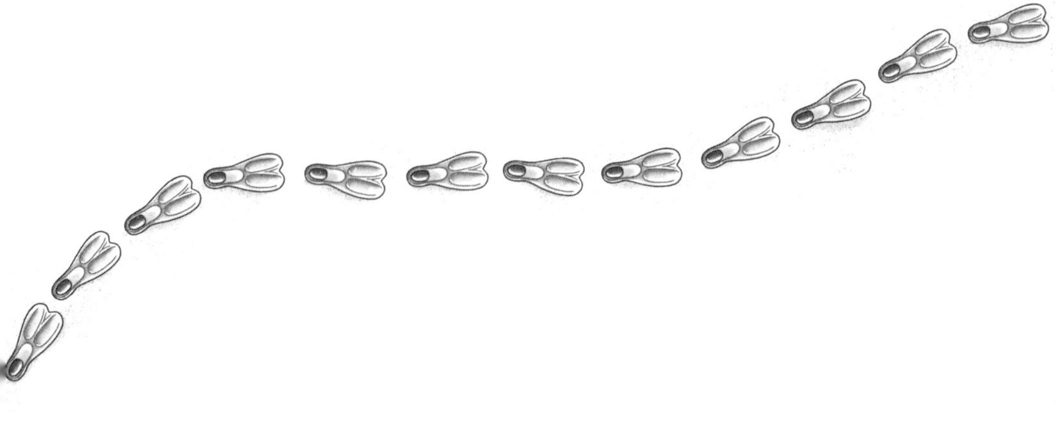

Silbensudoku

Fülle die leeren Felder. Jede Silbe darf in jeder Reihe und Spalte nur 1 x verwendet werden.

	PY	RA	
	DE		
MI		DE	PY

Lösung

DE	PY	RA	MI
RA	MI	PY	DE
PY	DE	MI	RA
MI	RA	DE	PY

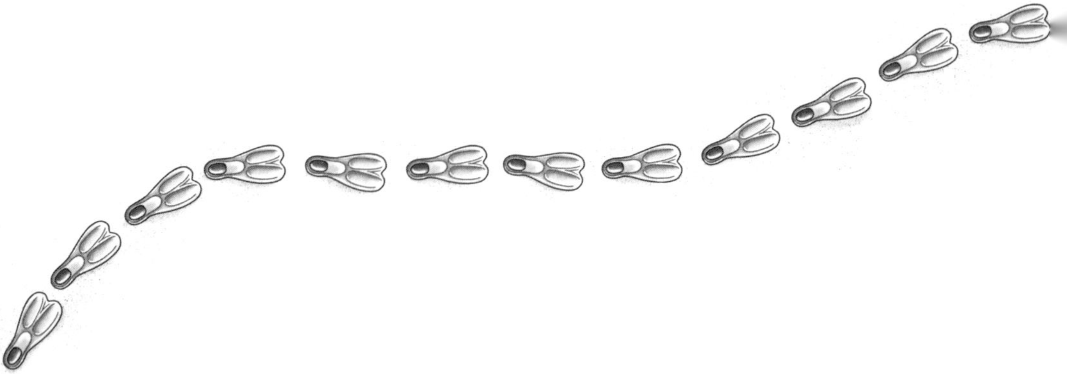

Mumienrätsel

Finde heraus, aus welcher Pyramide welche Mumie kommt und wer sie gefunden hat. Verbinde dazu die Mumien mit den Pyramiden und benenne die Forscher.

Die Forscher heißen Dr. Hämmerle, Dr. Gräber und Dr. Suchmann.

Die größte Mumie wurde in Pyramide 1 entdeckt.

Die kleinste Mumie hat Dr. Hämmerle gefunden.
Sie lag nicht in Pyramide 3.

Dr. Gräber hat die mittelgroße Mumie entdeckt.

Lösung

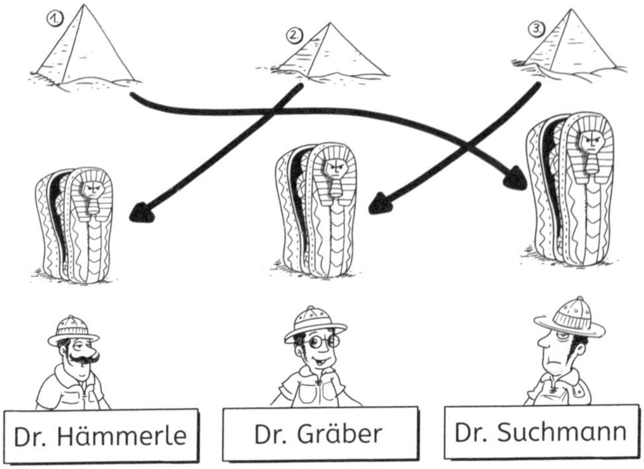

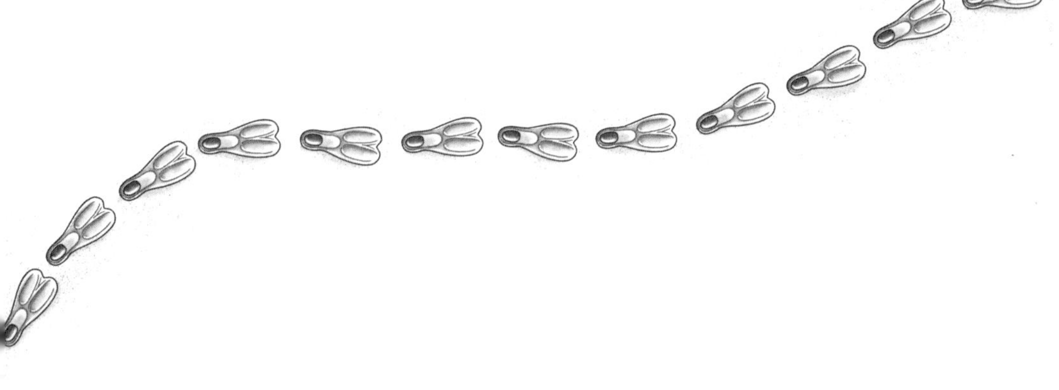

Wortsuche

Welches Wort ist gesucht? Aus den Buchstaben der Bilderwörter entsteht ein neues Wort.

1=B

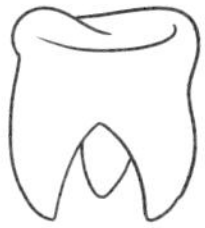

1234 | 1234 | 1234~~56~~ | ~~12~~34

1~~2345~~ | 123~~45~~ | 123~~45~~ | ~~12~~345

Lösung

Autobahnschild
Tankstelle

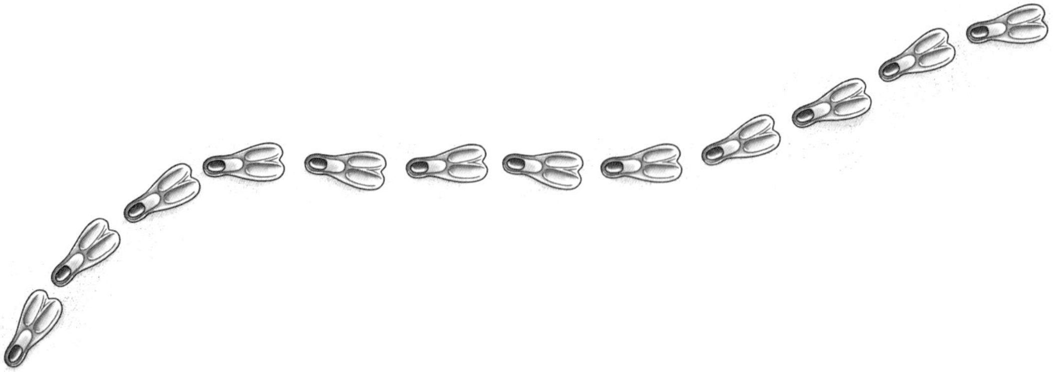

Für Profis!

Finde diese Dinosaurier im Gitter:

Tyrannosaurus, Stegosaurus, Allosaurus, Brachiosaurus, Triceratops, Megalosaurus, Diplodocus, Pteranodon

Q	W	E	R	D	D	U	Z	U	S	R	I	X	T	T
Y	S	T	E	G	O	S	A	U	R	U	S	X	B	U
H	A	Y	S	D	F	G	H	J	K	L	L	Ö	Q	W
W	T	R	W	E	R	G	H	J	K	L	L	P	Ü	Y
B	R	A	C	H	I	O	S	A	U	R	U	S	T	X
Y	I	N	X	C	C	V	B	N	M	K	K	L	Ö	P
Ü	C	N	Ö	A	L	L	O	S	A	U	R	U	S	Ü
S	E	O	Y	C	C	V	B	N	M	R	T	Z	U	I
I	R	S	U	Z	T	R	E	W	Q	A	S	D	F	G
H	A	A	X	P	T	E	R	A	N	O	D	O	N	Ö
C	T	U	C	V	B	N	R	A	T	T	I	X	C	C
X	O	R	V	E	R	O	C	I	K	A	T	T	U	X
F	P	U	F	D	I	P	L	O	D	O	C	U	S	Y
C	S	S	C	C	W	E	S	D	E	R	O	O	O	X
P	L	Y	M	E	G	A	L	O	S	A	U	R	U	S

Lösung

Q	W	E	R	D	D	U	Z	U	S	R	I	X	T	T
Y	S	T	E	G	O	S	A	U	R	U	S	X	B	U
H	A	Y	S	D	F	G	H	J	K	L	L	Ö	Q	W
W	T	R	W	E	R	G	H	J	K	L	L	P	Ü	Y
B	R	A	C	H	I	O	S	A	U	R	U	S	T	X
Y	I	N	X	C	C	V	B	N	M	K	K	L	Ö	P
Ü	C	N	Ö	A	L	L	O	S	A	U	R	U	S	Ü
S	E	O	Y	C	C	V	B	N	M	R	T	Z	U	I
I	R	S	U	Z	T	R	E	W	Q	A	S	D	F	G
H	A	A	X	P	T	E	R	A	N	O	D	O	N	Ö
C	T	U	C	V	B	N	R	A	T	T	I	X	C	C
X	O	R	V	E	R	O	C	I	K	A	T	T	U	X
F	P	U	F	D	I	P	L	O	D	O	C	U	S	Y
C	S	S	C	C	W	E	S	D	E	R	O	O	O	X
P	L	Y	M	E	G	A	L	O	S	A	U	R	U	S

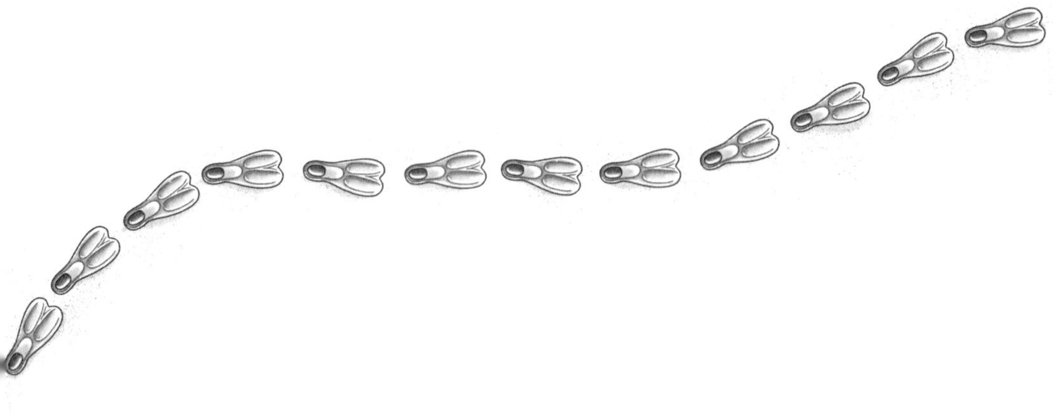

Besuchszeit

Jonas möchte seinen Freund Jan im Zeltlager besuchen.
Hilf ihm, Jans Zelt zu finden.

An der Pforte gehst du Richtung Pool und umrundest ihn halb. Dann gehst du über die Brücke und an der zweiten Kreuzung nach unten.

Lösung

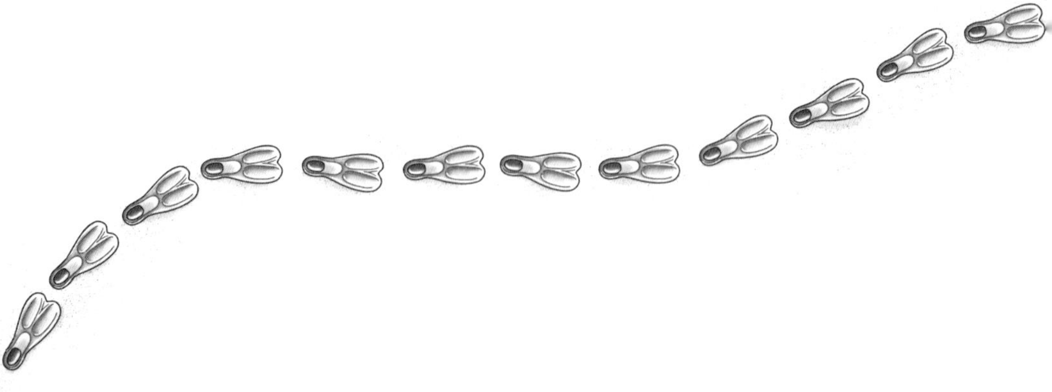

Scherzkekse

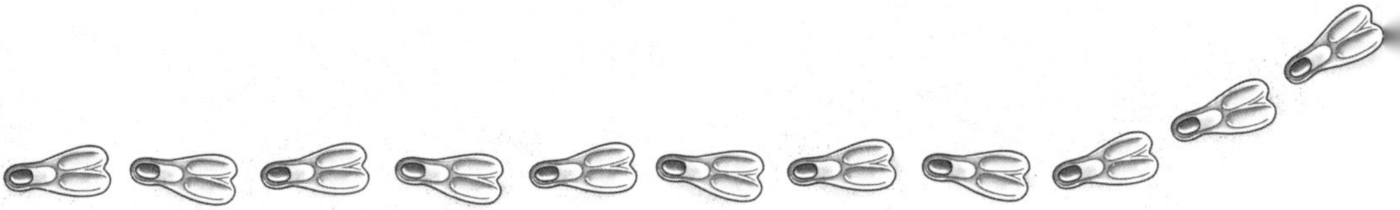

Was ist rot und liegt am Teich?

Was fliegt durch die Luft und macht „mus, mus, mus"?

Wie kann man Wasser in einem Sieb tragen?

Lösung

Was ist rot und liegt am Teich? – Frosch mit Sonnenbrand

Was fliegt durch die Luft und macht „mus, mus, mus“? – Biene im Rückwärtsgang

Wie kann man Wasser in einem Sieb tragen? – Gefroren

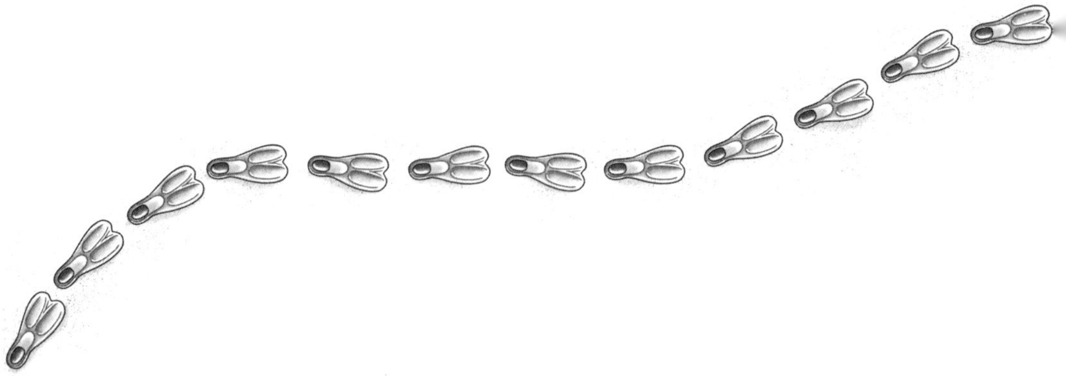

Zauberlinie

Zeichne die Figur nach, ohne den Stift abzusetzen.

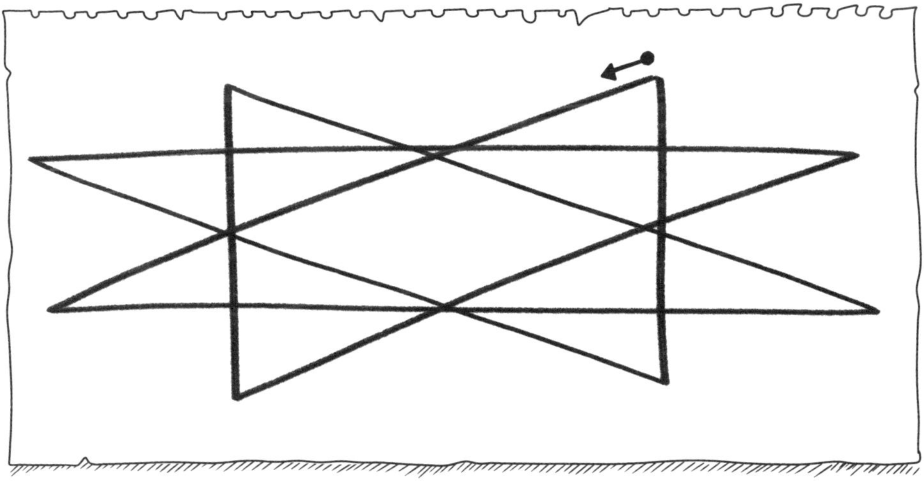

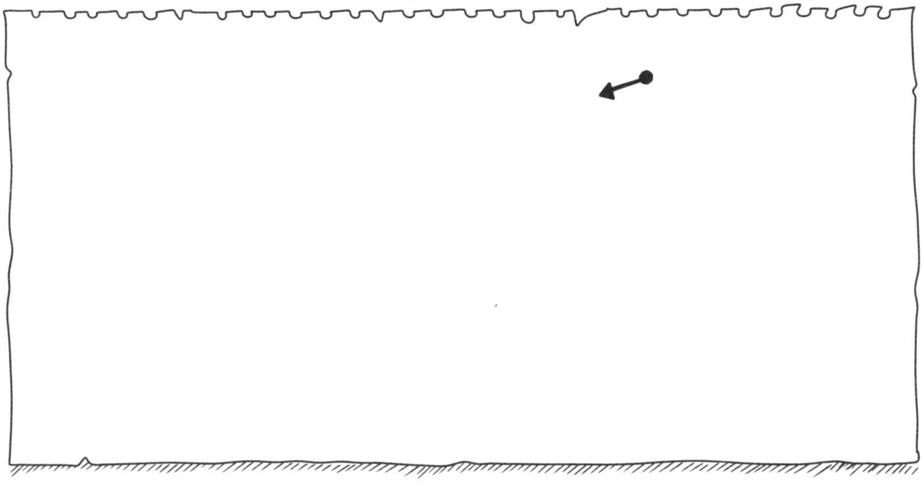

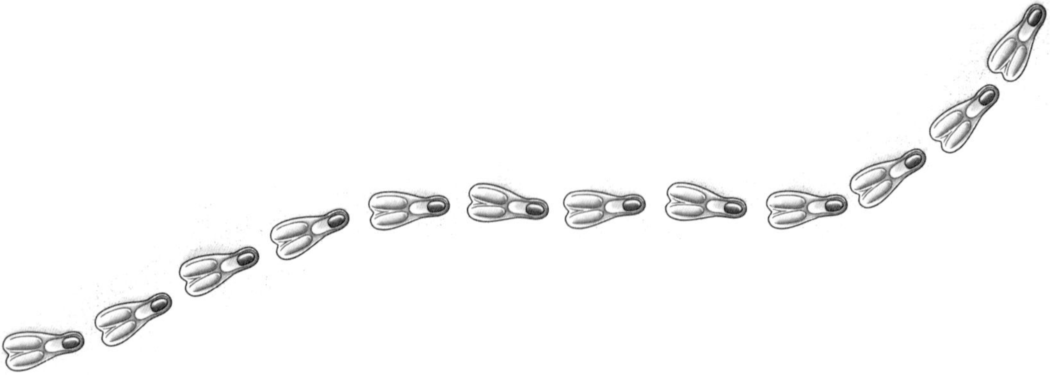

Sterne im Weltall

Verbinde die Zahlen von 1–100 in der richtigen Reihenfolge.

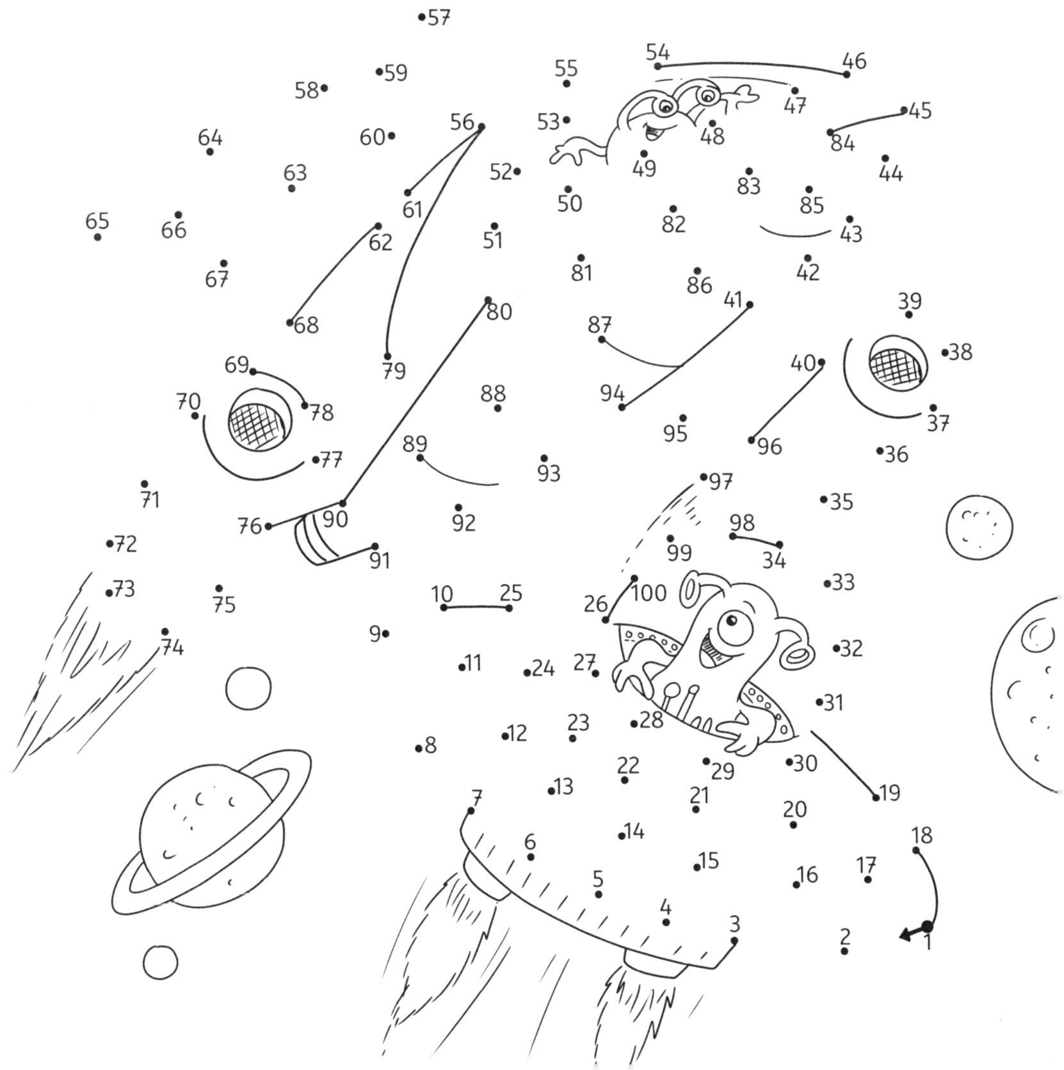

Lösung

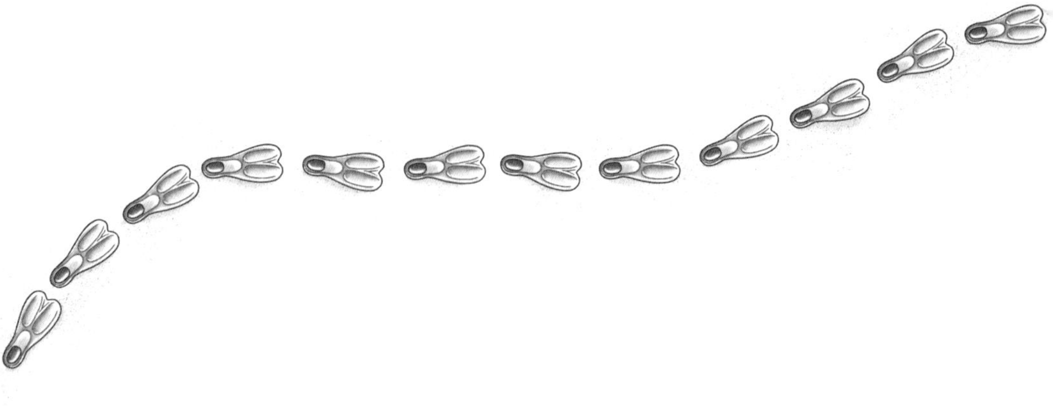

Zahlensudoku

Fülle die leeren Felder. Die Zahlen 1–6 dürfen in jeder Reihe und Spalte nur 1 x verwendet werden.

	6		5		2
5		3		1	4
	1	2		6	
3		6	2		1
6				2	
2	3	1	4		6

Lösung

1	6	4	5	3	2
5	2	3	6	1	4
4	1	2	3	6	5
3	5	6	2	4	1
6	4	5	1	2	3
2	3	1	4	5	6

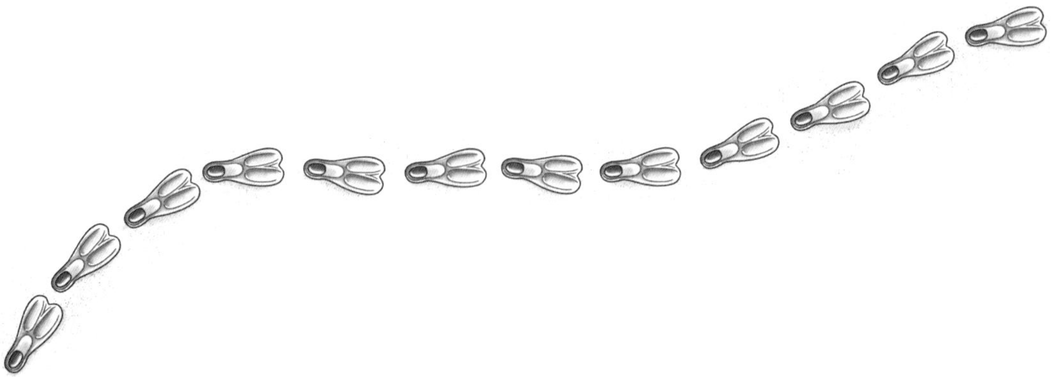

Wer wohnt wo?

Lies die Hinweise und finde heraus, wer welcher Ritter ist und wo sie jeweils wohnen.

Die Ritter heißen Wolfgang, Heribert und Bertram.
Sie wohnen auf Burg Falkenberg, Burg Felsenstein und Burg Hochstern.
Ritter Wolfgang ist der dickste von allen.
Heribert lebt auf Burg Felsenstein.
In der Mitte steht Bertram.
Wolfgang lebt nicht auf Burg Falkenberg.

Name	Name	Name
Ort	Ort	Ort

Lösung

Heribert	Bertram	Wolfgang
Felsenstein	Falkenberg	Hochstern

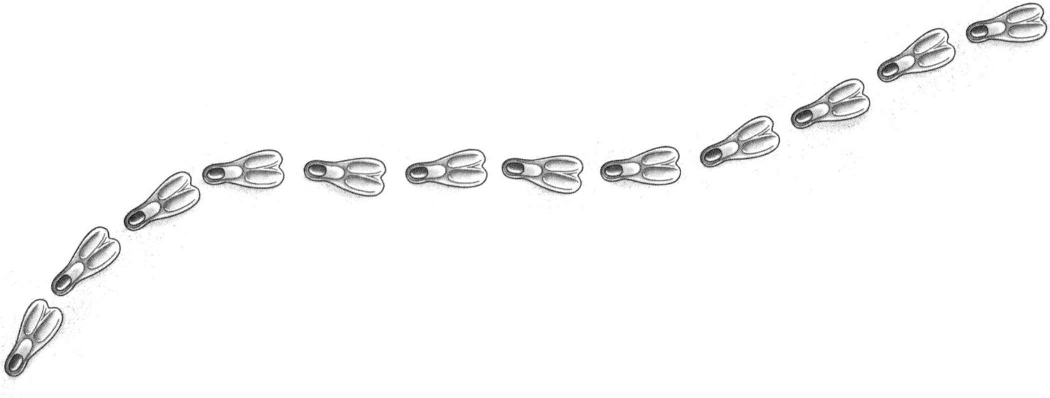

Leckerschmecker

Welche Eissorte mag Jonah am liebsten?
Rechne die Aufgaben. Zu jeder Lösung gehört ein Buchstabe.

25 + 7 = ________

79 − 38 = ________

85 − 16 = ________

61 + 38 = ________

55 − 16 = ________

73 + 26 = ________

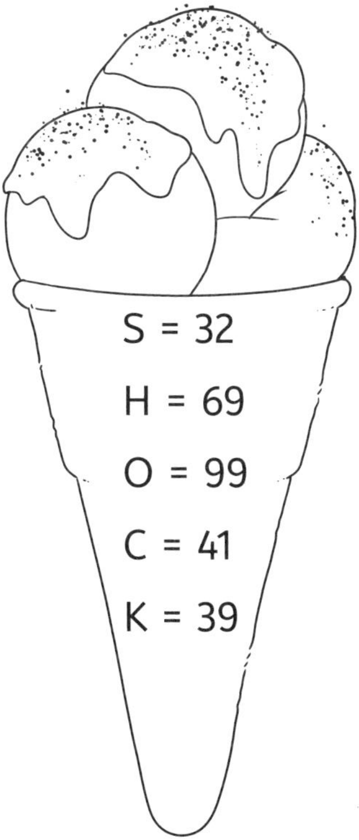

Lösungswort:

Lösung

25 + 7 = 32 = S
79 − 38 = 41 = C
85 − 16 = 69 = H
61 + 38 = 99 = O
55 − 16 = 39 = K
73 + 26 = 99 = O

Lösungswort: SCHOKO

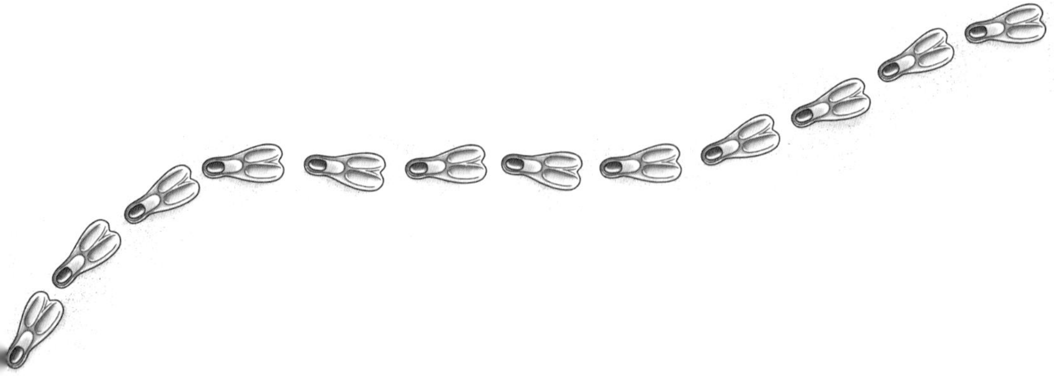

Such mich!

Finde 9 Handwerker-Wörter im Gitter:
Hammer, Säge, Schraube, Nagel, Feile,
Bohrmaschine, Leiter, Werkzeugkasten, Zange

Q	X	Z	I	M	M	M	E	R	Ü	W	Q	B	X
L	H	A	M	M	E	R	I	N	X	E	G	O	L
A	S	N	S	A	G	N	M	A	Q	R	I	H	X
D	F	G	G	H	J	K	L	G	U	K	U	R	Ö
Ö	S	E	R	K	L	A	T	E	X	Z	T	M	U
K	A	L	Y	K	M	A	R	L	U	E	S	A	X
S	Ä	G	E	X	R	I	C	H	Y	U	D	S	U
C	H	A	Z	Z	P	L	E	I	G	G	T	C	W
H	X	F	E	I	L	E	C	B	F	K	T	H	T
R	E	L	I	X	Y	I	W	A	S	A	Y	I	Ö
A	T	E	R	L	A	T	R	X	I	S	A	N	X
U	N	T	U	R	L	E	G	A	T	T	I	E	Q
B	I	R	N	Y	H	R	U	S	Y	E	N	T	C
E	R	L	Y	N	M	A	S	I	G	N	U	Z	U

Lösung

Q	X	Z	I	M	M	M	E	R	Ü	W	Q	B	X
L	H	A	M	M	E	R	I	N	X	E	G	O	L
A	S	N	S	A	G	N	M	A	Q	R	I	H	X
D	F	G	G	H	J	K	L	G	U	K	U	R	Ö
Ö	S	E	R	K	L	A	T	E	X	Z	T	M	U
K	A	L	Y	K	M	A	R	L	U	E	S	A	X
S	Ä	G	E	X	R	I	C	H	Y	U	D	S	U
C	H	A	Z	Z	P	L	E	I	G	G	T	C	W
H	X	F	E	I	L	E	C	B	F	K	T	H	T
R	E	L	I	X	Y	I	W	A	S	A	Y	I	Ö
A	T	E	R	L	A	T	R	X	I	S	A	N	X
U	N	T	U	R	L	E	G	A	T	T	I	E	Q
B	I	R	N	Y	H	R	U	S	Y	E	N	T	C
E	R	L	Y	N	M	A	S	I	G	N	U	Z	U

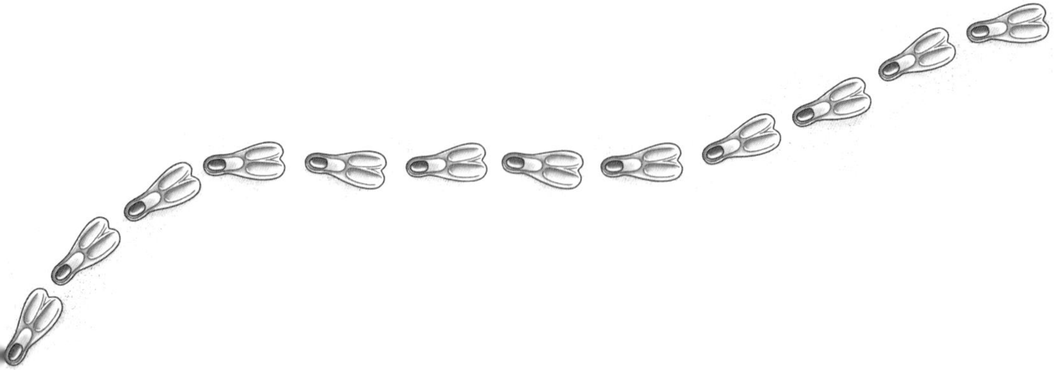

Im Urwald

Wie viele Papageien findest du und welches
Tier lebt nicht im Urwald?

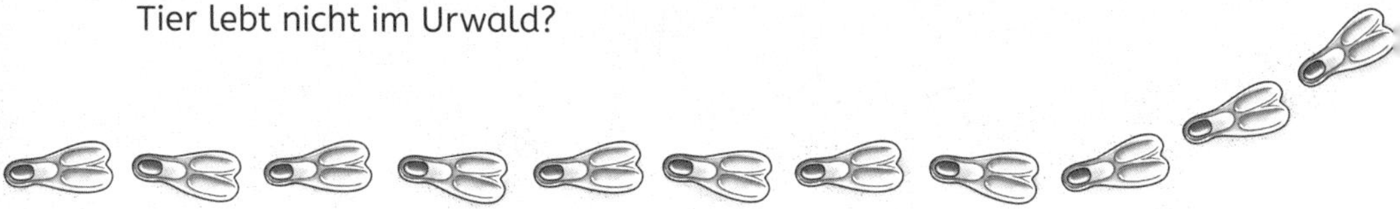

Lösung

Es sind 4 Papageien im Bild versteckt.
Die Kuh lebt nicht im Urwald.

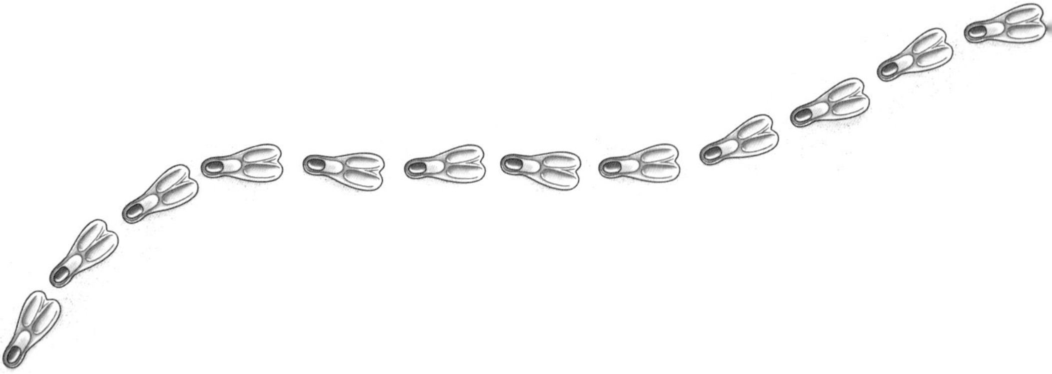

Scherzkekse

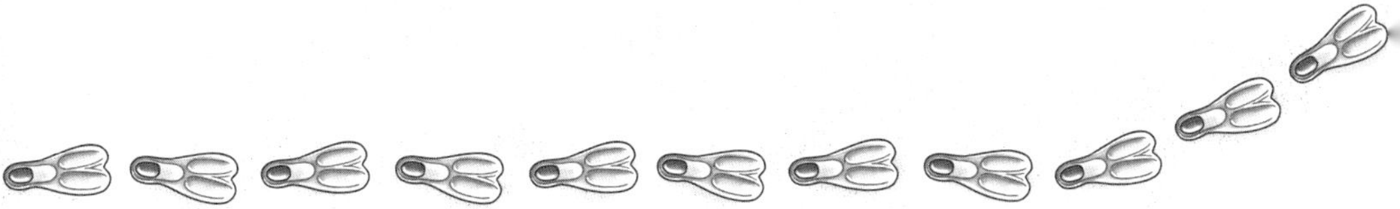

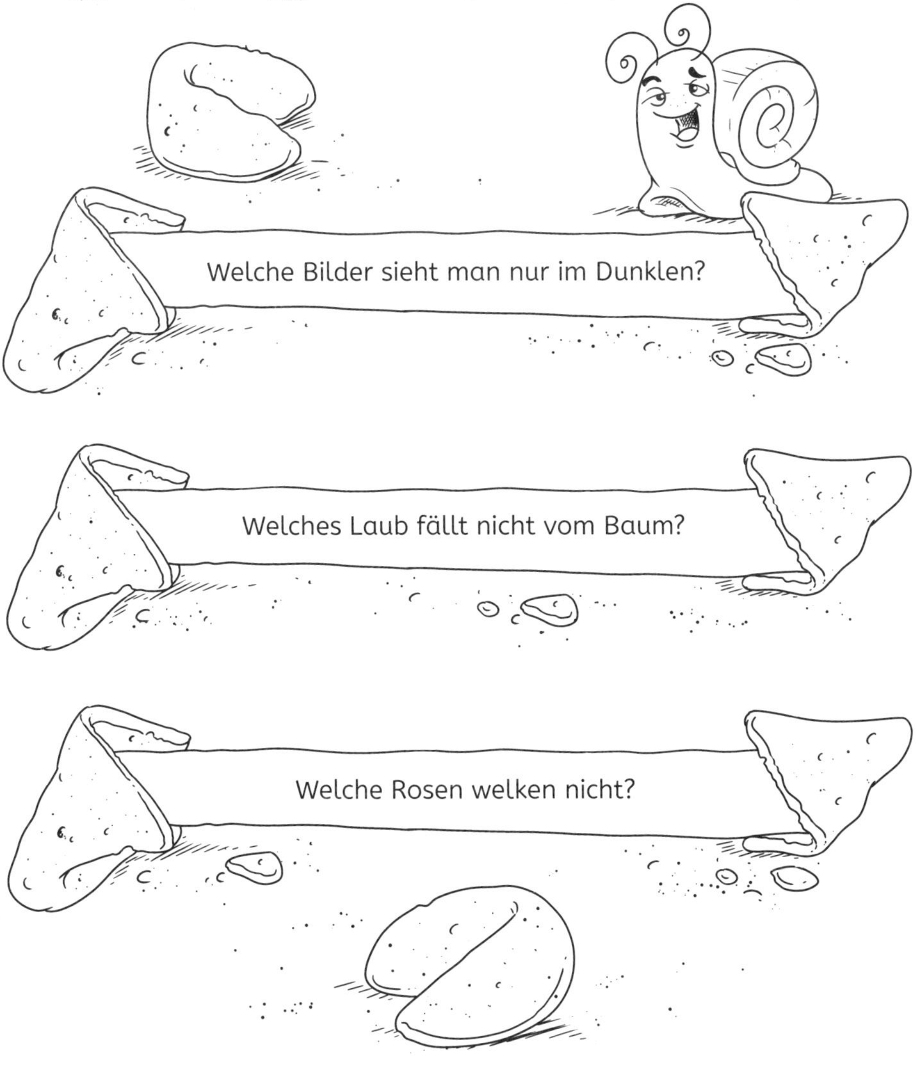

Lösung

Welche Bilder sieht man nur im Dunklen? – Sternbilder
Welches Laub fällt nicht vom Baum? – Urlaub
Welche Rosen welken nicht? – Matrosen

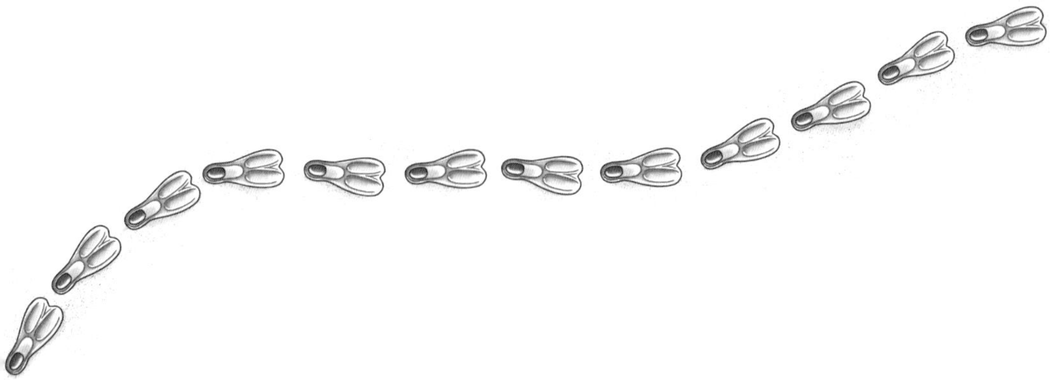

Wer hat an der Uhr gedreht?

Wie muss die jeweils letzte Uhr in der Reihe aussehen?
Zeichne die Uhrzeit ein.

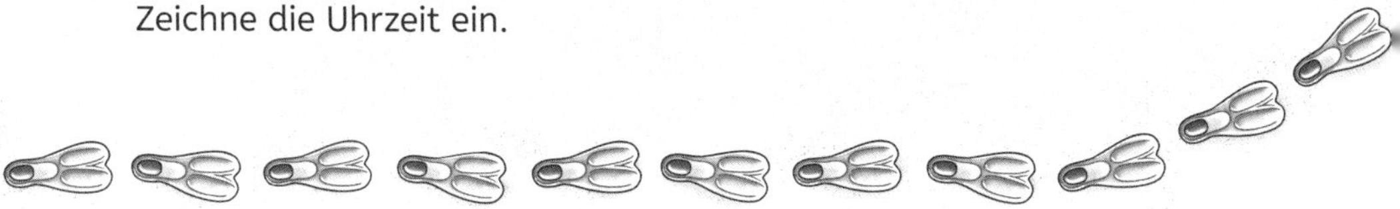

Lösung

16:30 Uhr / (+ 30 Min)
17:00 Uhr / (+ 1 h 30 Min)
03:00 Uhr / (– 2 h)

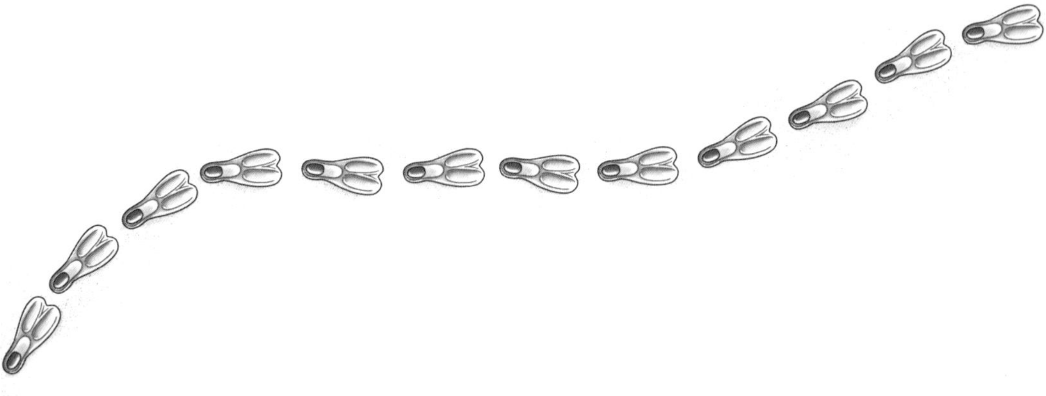

Kreuzworträtsel

Beantworte die Fragen und trage die Antworten ein.

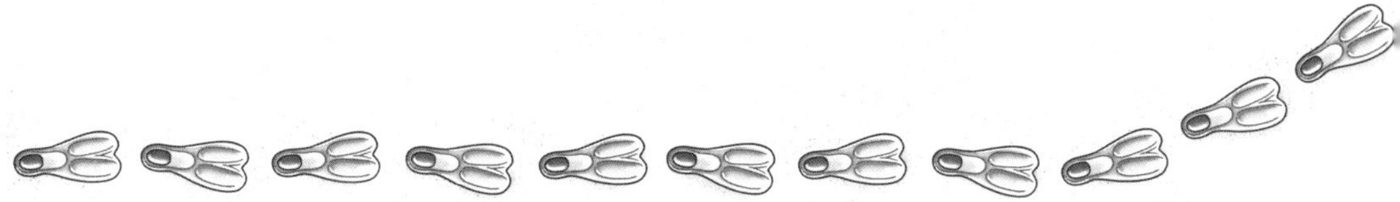

1. Was packt man vor einer Reise?
2. Womit kann man fliegen?
3. Wo wohnt man häufig im Urlaub?
4. Was wird auf dem Campingplatz aufgebaut?
5. Womit fängt man Fische?
6. Was wärmt abends nach dem Grillen?

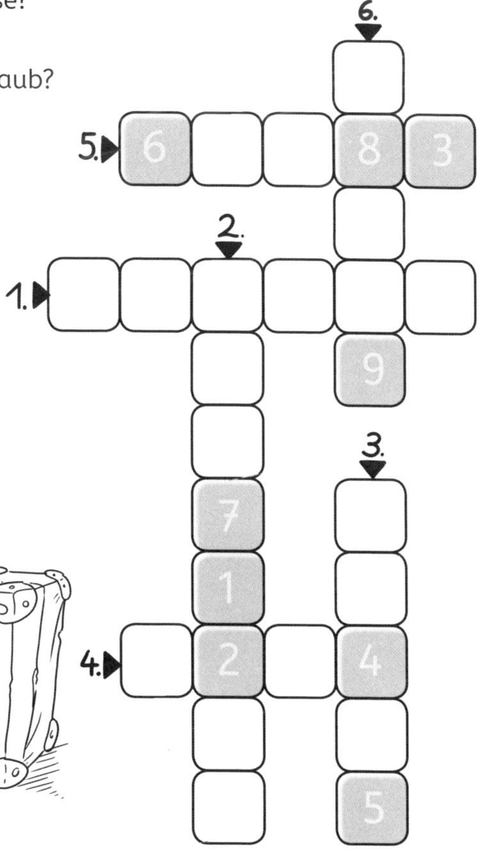

Lösungswort:

Lösung

Zeltlager

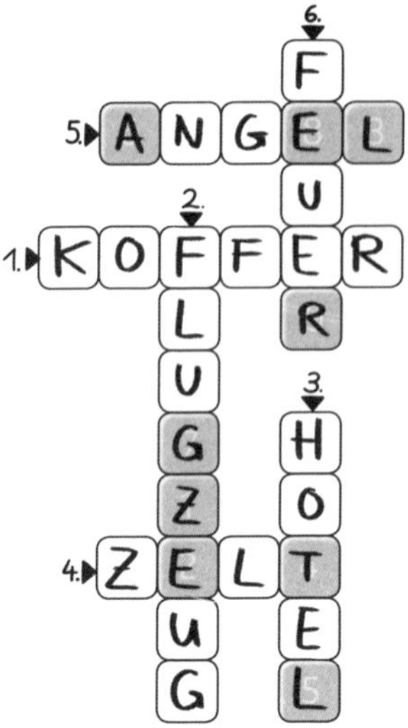

ZELTLAGER

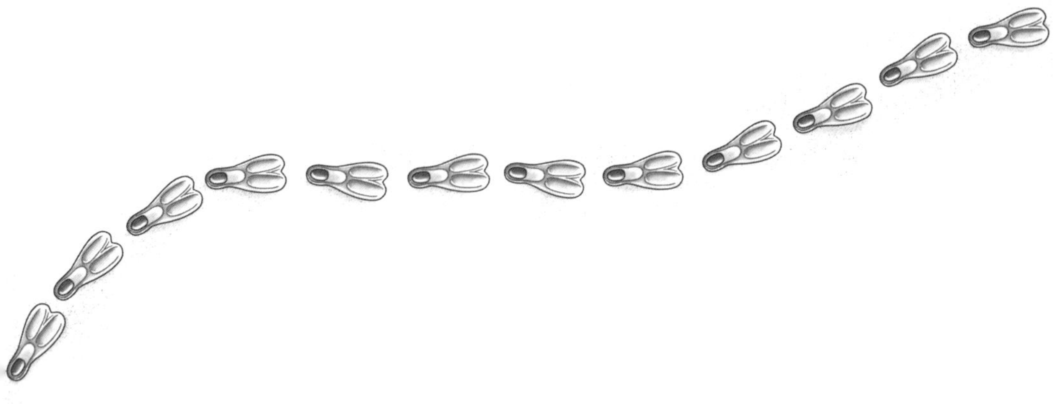

Bildersudoku

Fülle die leeren Felder. Jedes Zeichen darf in jeder Reihe und Spalte nur 1 x verwendet werden.

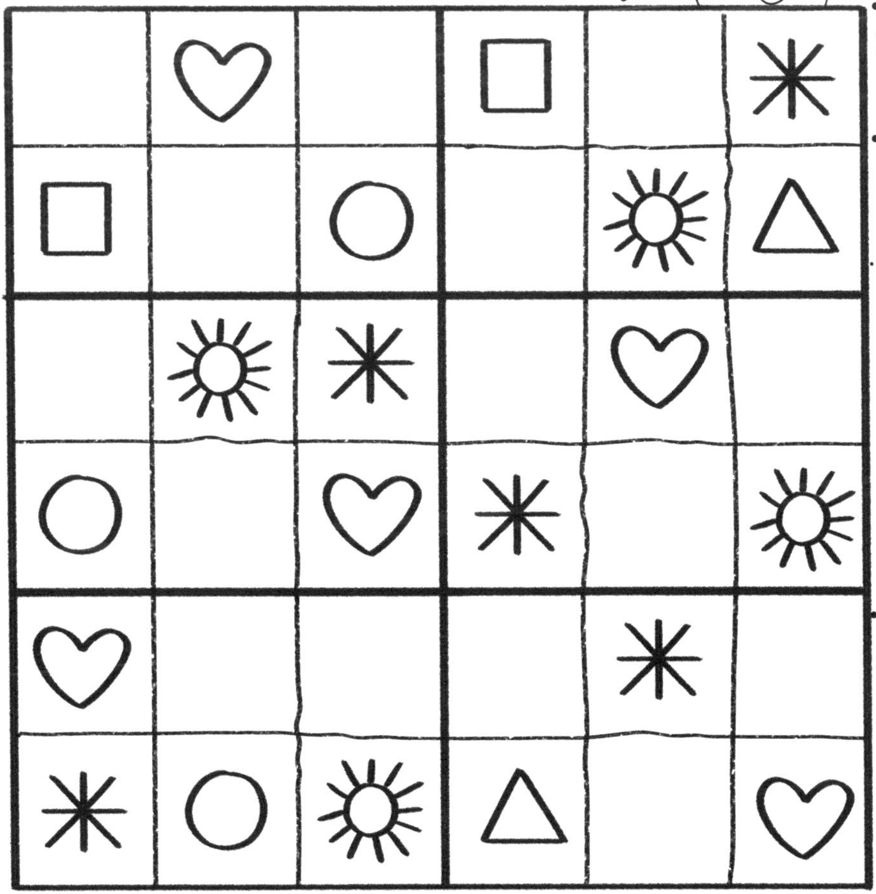

Lösung

☼	♡	△	□	○	✳
□	✳	○	♡	☼	△
△	☼	✳	○	♡	□
○	□	♡	✳	△	☼
♡	△	□	☼	✳	○
✳	○	☼	△	□	♡

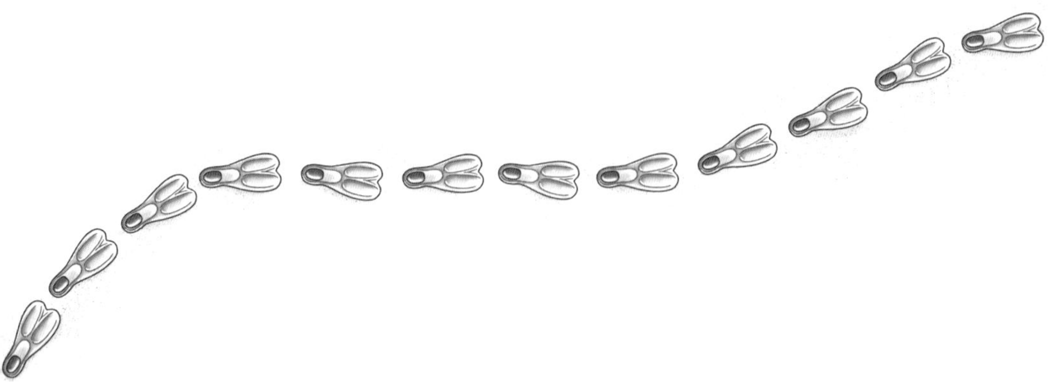

Schatztaucher

Auf welchem Weg findet der Taucher genau 50 Goldstücke?
Zähle dazu den Wert der einzelnen Goldstücke zusammen.

Lösung

Weg C ist der richtige.

7 + 9 + 8 + 8 + 9 + 9 = 50

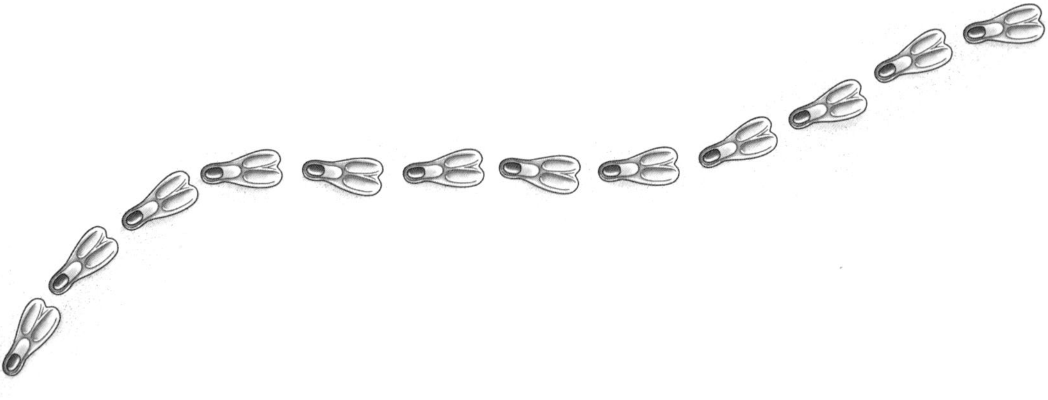

Türöffner

Tims Familie braucht eine Geheimzahl zum Öffnen der Ferienhaustür. Hilf ihnen, den Code zu entschlüsseln.

A	B	C	D	E	F	G	H	I	J	K	L	M	N	O	P	Q	R	S	T	U	V	W	X	Y	Z
1	2	3	4	5	6	7	8	9	10	11	12	13	14	15	16	17	18	19	20	21	22	23	24	25	26

4 9 5   7 5 8 5 9 13 26 1 8 12

D _ _   _ _ _ _ _ _ _ _ _ _

12 1 21 20 5 20

_ _ _ _ _ _

19 9 5 2 5 14

_ _ _ _ _ _

Lösung

Die Geheimzahl lautet sieben.

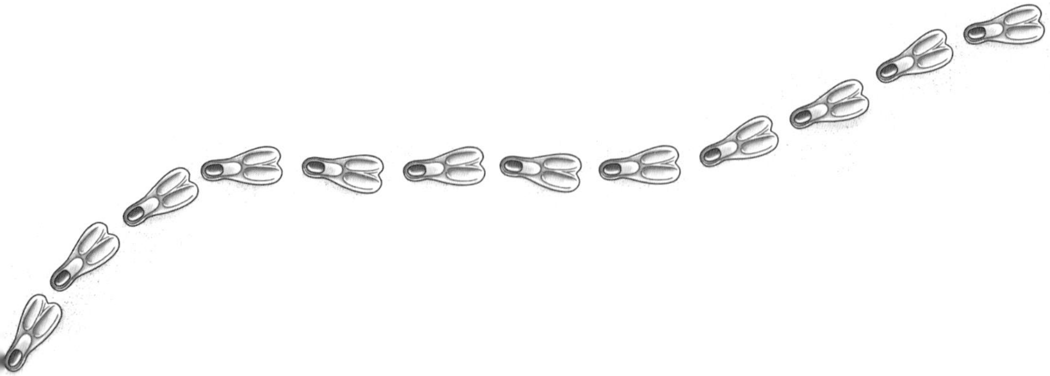

Such mich!

Finde 9 Sportler-Wörter im Gitter:
Tennis, Basketball, Handball, Hockey, Judo,
Karate, Turnen, Volleyball, Federball

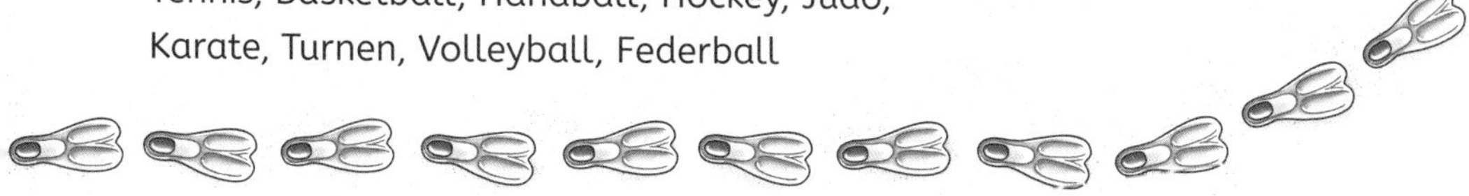

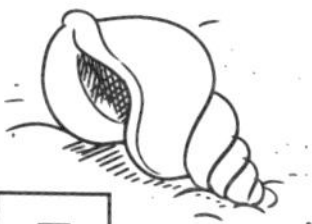

F	L	F	U	G	G	E	R	D	T	U	Z	B	Z
Z	T	E	N	N	I	S	Y	F	U	R	T	A	X
D	A	D	U	S	S	E	R	R	R	U	S	S	A
I	H	E	R	A	T	T	A	B	N	U	C	K	Q
H	O	R	B	B	A	L	Y	H	E	S	T	E	A
K	C	B	A	L	A	B	A	L	N	U	Z	T	Q
Q	K	A	R	A	T	E	Q	W	E	M	T	B	Z
Z	E	L	L	Y	S	A	B	J	N	N	M	A	Ö
K	Y	L	A	M	T	R	X	U	B	L	A	L	S
D	F	G	H	J	H	A	N	D	B	A	L	L	X
C	K	G	Z	U	I	O	P	O	X	I	M	A	Q
V	B	N	M	Ä	K	Ö	L	J	H	G	F	D	S
Q	V	O	L	L	E	Y	B	A	L	L	Q	I	S
W	A	L	E	R	R	B	U	L	Q	B	A	S	I

Lösung

F	L	F	U	G	G	E	R	D	T	U	Z	B	Z
Z	T	E	N	N	I	S	Y	F	U	R	T	A	X
D	A	D	U	S	S	E	R	R	R	U	S	S	A
I	H	E	R	A	T	T	A	B	N	U	C	K	Q
H	O	R	B	B	A	L	Y	H	E	S	T	E	A
K	C	B	A	L	A	B	A	L	N	U	Z	T	Q
Q	K	A	R	A	T	E	Q	W	E	M	T	B	Z
Z	E	L	L	Y	S	A	B	J	N	N	M	A	Ö
K	Y	L	A	M	T	R	X	U	B	L	A	L	S
D	F	G	H	J	H	A	N	D	B	A	L	L	X
C	K	G	Z	U	I	O	P	O	X	I	M	A	Q
V	B	N	M	Ä	K	Ö	L	J	H	G	F	D	S
Q	V	O	L	L	E	Y	B	A	L	L	Q	I	S
W	A	L	E	R	R	B	U	L	Q	B	A	S	I

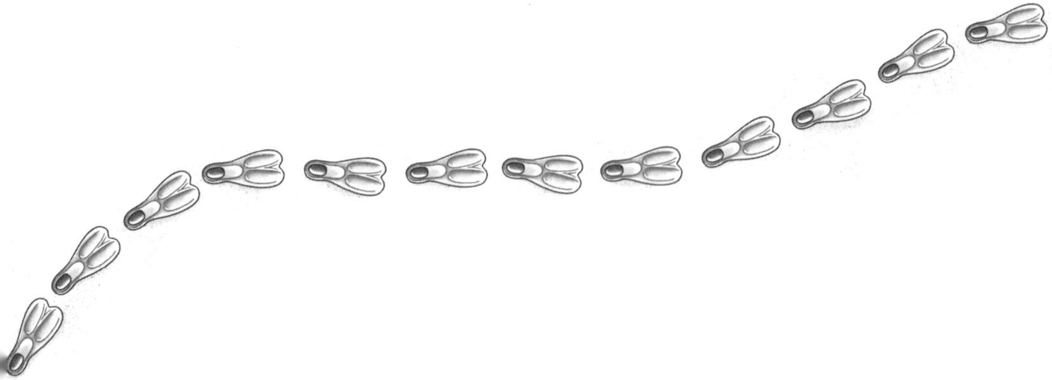

Höhlensuche

Nur einer der Wege führt das Mammut zur Höhle.
Finde ihn.

Lösung

Weg C führt das Mammut zur Höhle.

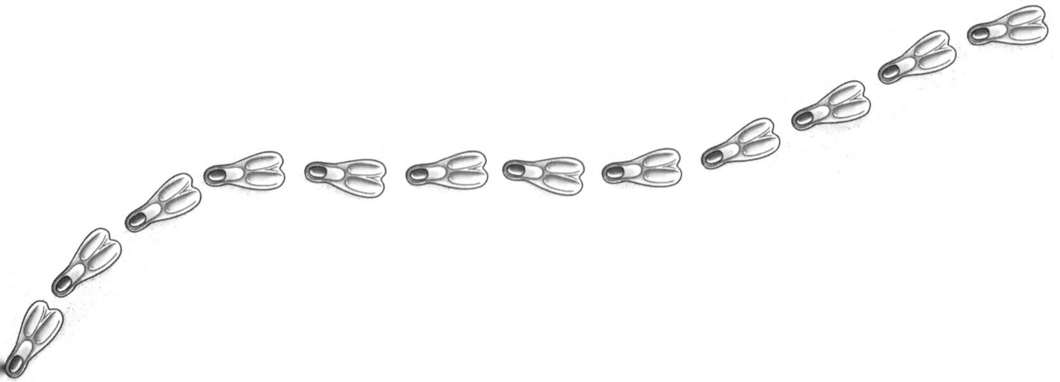

Scherzkekse

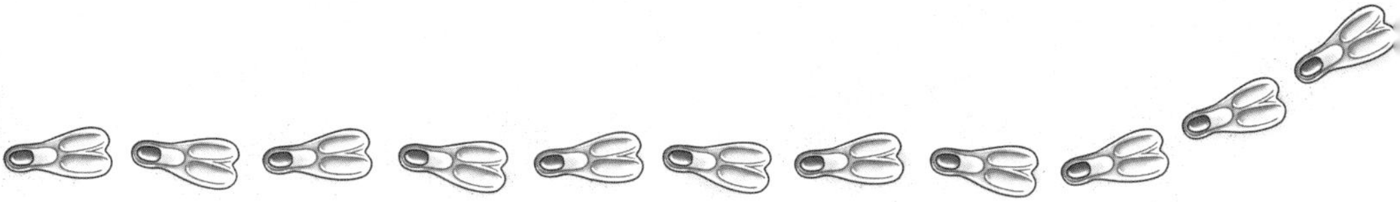

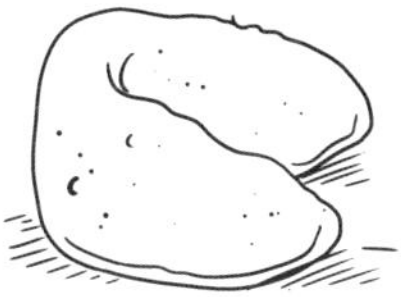

Welcher Tag ist der gefährlichste auf einem U-Boot?

Was sagt der große zum kleinem Stift?

Welcher Stuhl bewegt sich ständig auf und ab?

Lösung

Welcher Tag ist der gefährlichste auf einem U-Boot? – Der Tag der offenen Tür

Was sagt der große zum kleinem Stift? – Wachs-mal-Stift

Welcher Stuhl bewegt sich ständig auf und ab? – Fahrstuhl

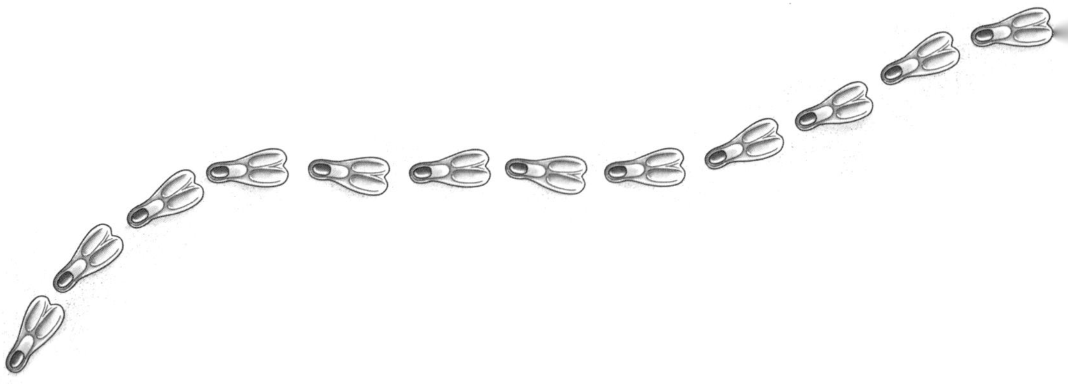

Schlaukopf

Der Mensch hat sich viele tolle Tricks aus der Natur abgeschaut.
Lies und entscheide, welche Antwort stimmt.

Schwimmanzug

Er verhilft Leistungsschwimmern zu Höchstgeschwindigkeiten.
Dies wurde abgeschaut bei:

a) Holzstöckchen, die im Wasser treiben

b) Haien, die eine besondere Hautstruktur haben

c) Pelikanen, die blitzschnell ins Wasser tauchen um zu jagen

Lösung

Antwort b) ist richtig.
Moderne Schwimmanzüge wurden bei Haien abgeschaut.
Sie haben eine raue Haut, die aussieht, als würde sie aus lauter kleinen Zähnchen bestehen. Dadurch bietet sie weniger Widerstand im Wasser und der Hai kann sehr schnell schwimmen.

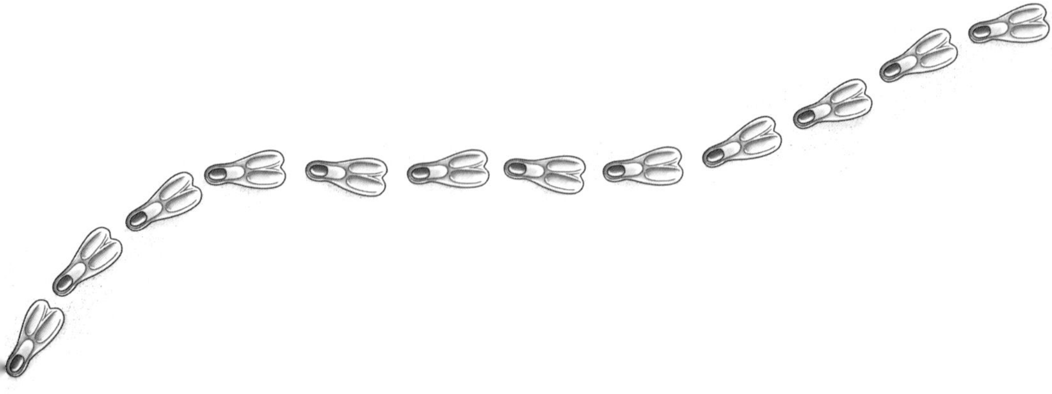

Spielezeit: Ich packe meinen Koffer

Der jüngste Spieler beginnt und sagt: „Ich packe meinen Koffer und nehme meinen (zum Beispiel Hut) mit.
Der nächste Spieler sagt: „Ich packe meinen Koffer und nehme meinen Hut und meine ... (zum Beispiel Badehose) mit.
Der nächste sagt: „Ich packe meinen Koffer und nehme meinen Hut, meine Badehose und meine (zum Beispiel Quietscheente) mit.

So geht es reihum, bis etwas vergessen wird.

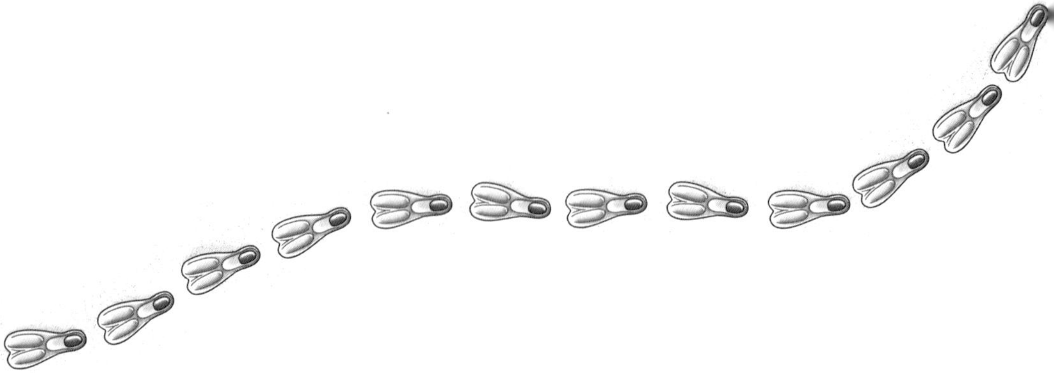

Kreuzworträtsel

Beantworte die Fragen und trage die Antworten ein.

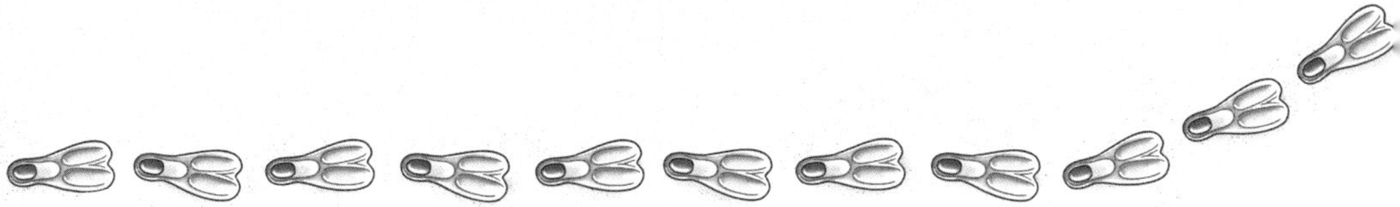

1. Messer und ...
2. Sie scheint tagsüber.
3. Damit trocknet man sich ab.
4. Ort, an dem viele Bäume sind.
5. Vom Strand aus geht man ins ...
6. Das größte Tier der Welt.

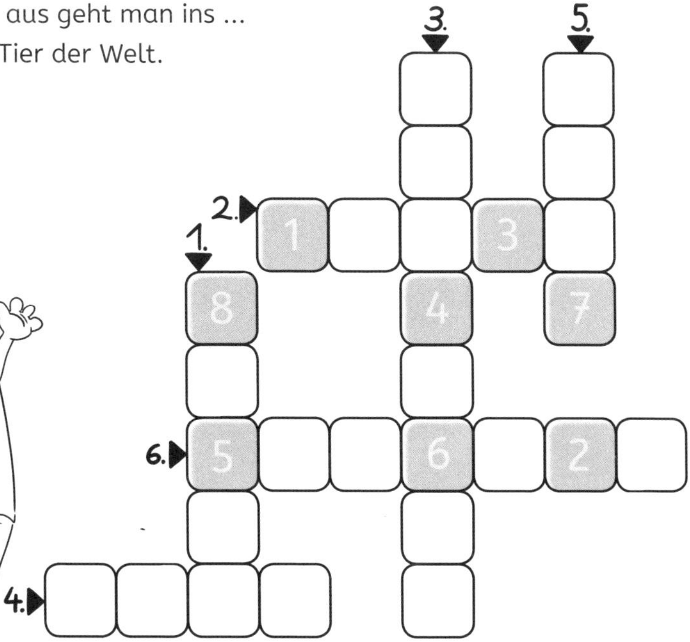

Lösungswort:

1	2	3	4	5	6	7	8

Lösung

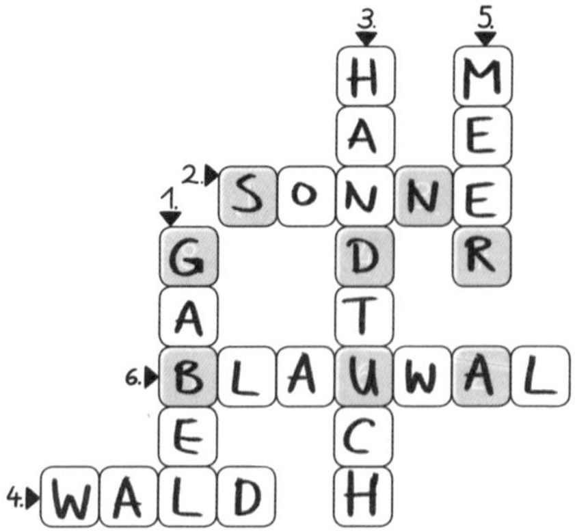

SANDBURG

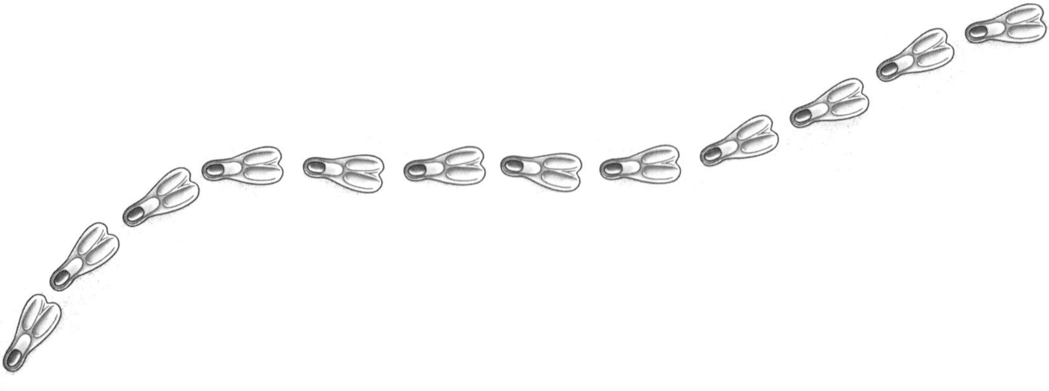

Logisch, oder?

3 Fische schwimmen durch das Meer.
Lies die Hinweise und finde heraus, wie sie heißen und welche Farben sie haben.

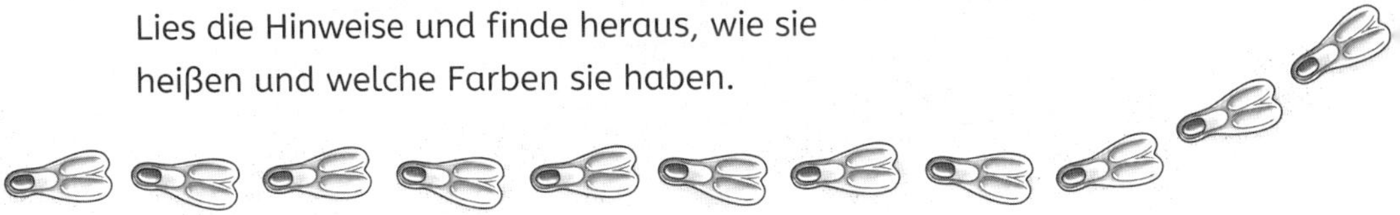

Der obere Fisch ist nicht rot und nicht blau.
Die Fische heißen Flossi, Glitschi und Schuppi.
Der linke Fisch ist rot.
Schuppi ist blau.
Flossi ist nicht rot.
Ein Fisch ist gelb.

Name: ____________

Farbe: ____________

Name: ____________

Farbe: ____________

Name: ____________

Farbe: ____________

Lösung

Name: Flossi
Farbe: gelb
Name: Glitschi
Farbe: rot
Name: Schuppi
Farbe: blau

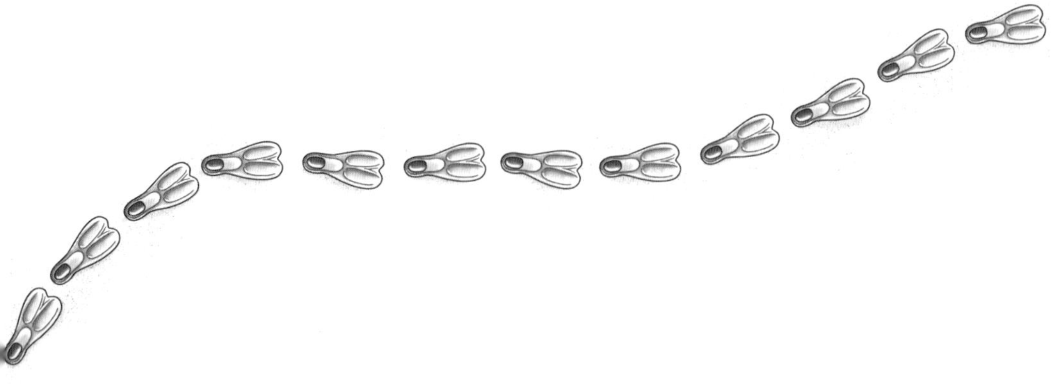

Wortsuche

Welches Wort ist gesucht? Aus den Buchstaben der Bilderwörter entsteht ein neues Wort.

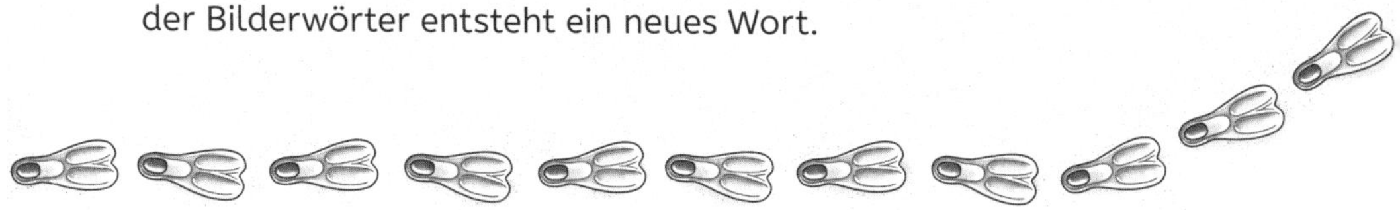

Tipp:
Schreibe die Wörter auf und streiche die entsprechenden Buchstaben durch.

    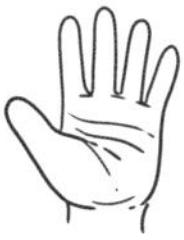

123456 123 1234 123456 1234

_ _

1234 1234 1234 12345

_ _ _ _ _ _ _ _ R _ _ _ _ _ _ _ _ _

Lösung

Flughafen
Kofferband

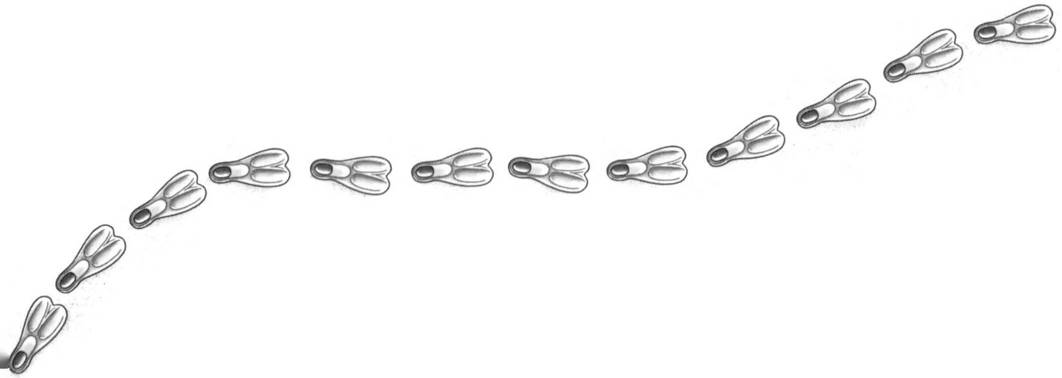

Schlaukopf

Der Mensch hat sich viele tolle Tricks aus der Natur abgeschaut.
Lies und entscheide, welche Antwort stimmt.

Klettverschluss

Er hält die verschiedensten Dinge zusammen und das ganz ohne Kleber oder Druckknöpfe, immer wieder. Du findest ihn zum Beispiel an Schuhen.

Dies wurde abgeschaut bei:

a) Affenbabys, die am Bauch der Mutter hängen

b) Bäumen, deren Rinde durch Harz klebrig wird

c) Pflanzen, die sich im Fell von Tieren verhaken

Lösung

Antwort c) ist richtig.
Der Klettverschluss wurde abgeschaut bei Pflanzen, die sich im Fell von Tieren verhaken. Der Erfinder des Klettverschlusses heißt Georges de Mestral.

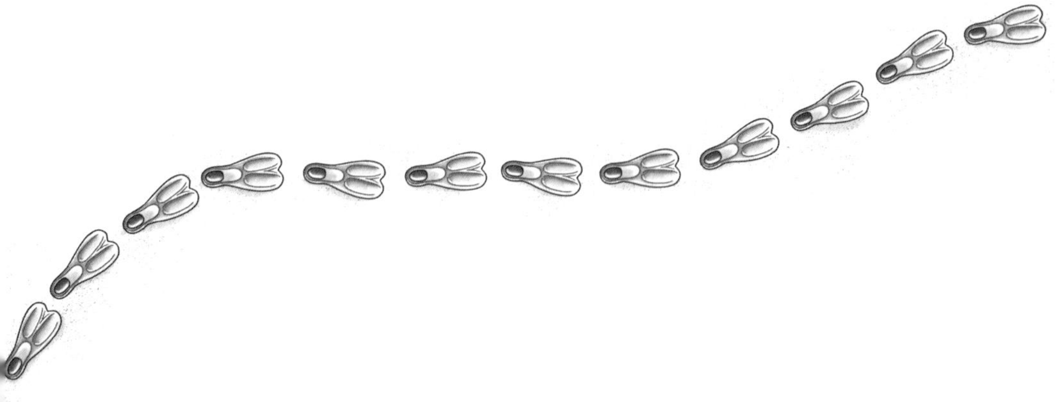

Wimpelparade

Das Zirkuszelt ist mit Wimpelketten geschmückt.
Schau dir jede Kette genau an und setze die Reihe fort.

Lösung

3 5 7 9 11 13 15 (immer +2)

4 5 7 10 14 19 25 32 (+1, +2, +3, +4, +5, +6, +7)

20 18 23 21 26 24 29 27 (immer -2, +5)

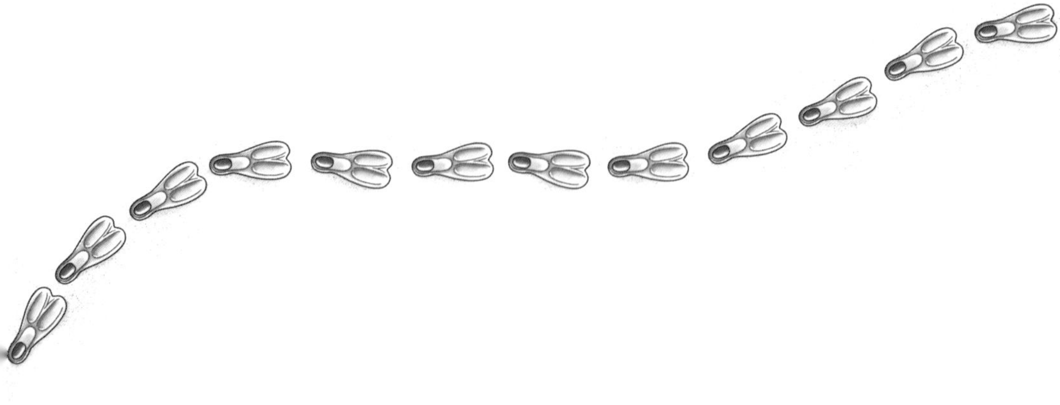

Scherzkekse

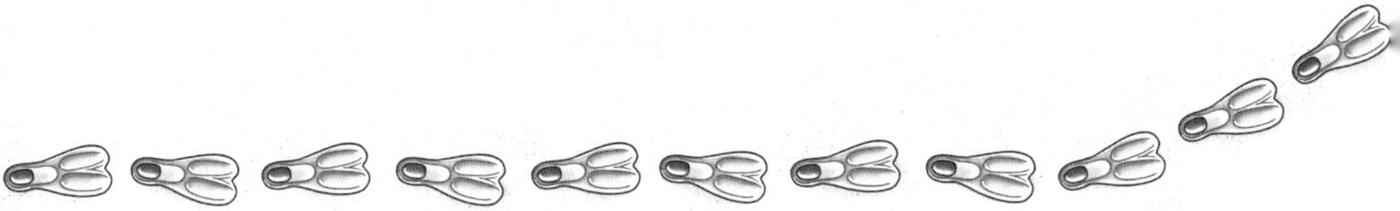

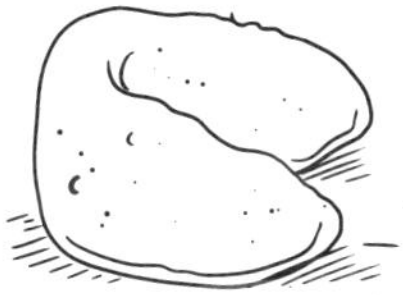

Wer hat viele Zähne aber keinen Mund?

Welches Tier ist das stärkste?

Was liegt am Strand und spricht undeutlich?

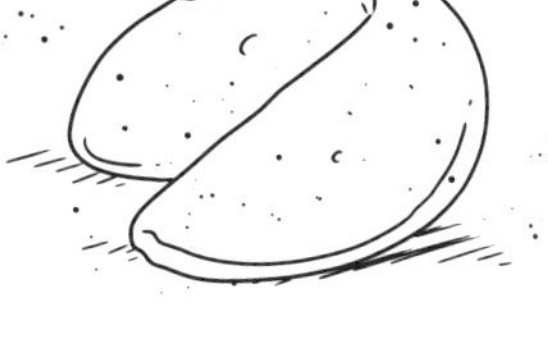

Lösung

Wer hat viele Zähne aber keinen Mund? – Säge
Welches Tier ist das stärkste? – Schnecke – sie trägt ihr eigenes Haus
Was liegt am Strand und spricht undeutlich? – Nuschel

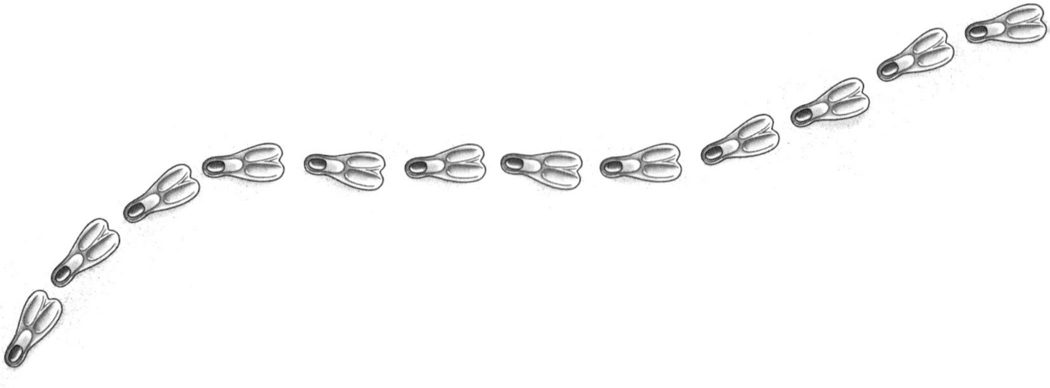

Fährtenleser

Häuptling „Sehende Feder“ sucht seine Badehose, die der Bär stibitzt hat! Hilf ihm, sie zu finden.

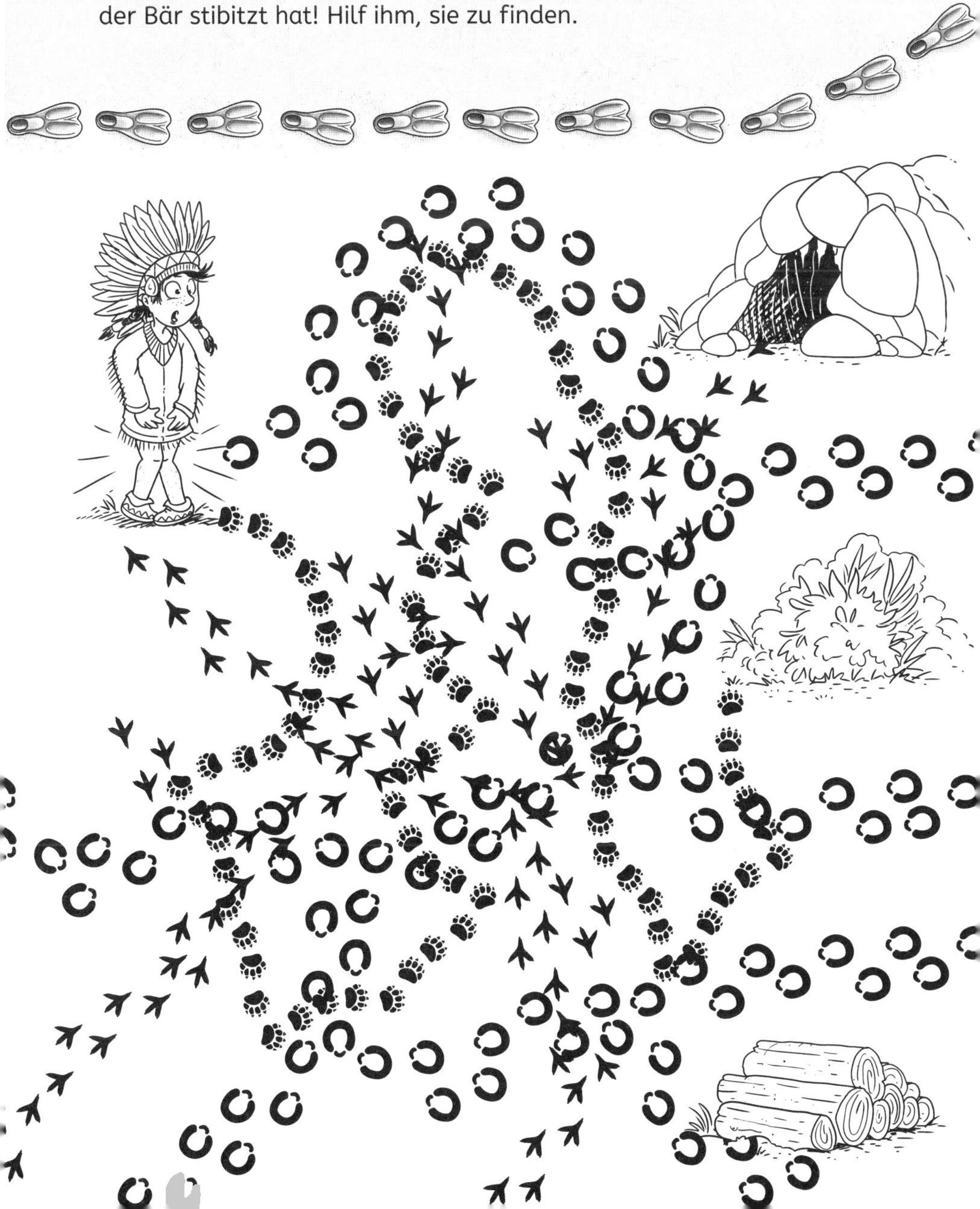

Lösung

Der Bär hat die Badehose im Gebüsch versteckt.

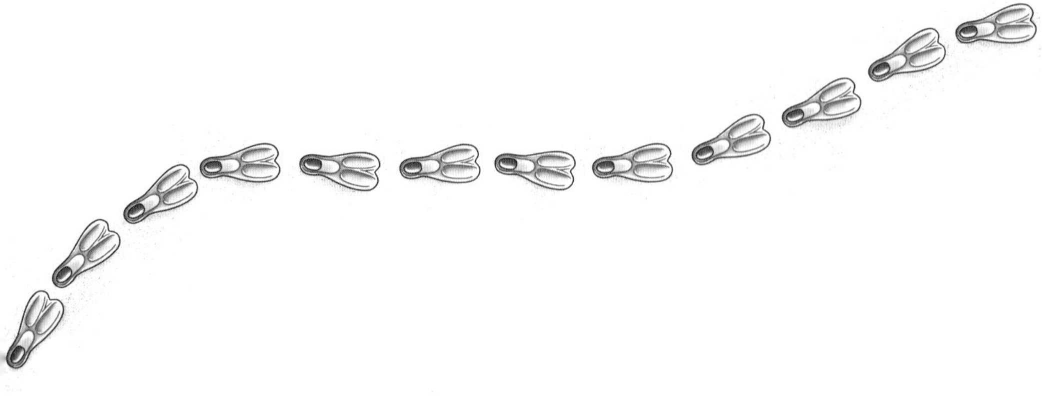

Kreuzworträtsel

Beantworte die Fragen und trage die Antworten ein.

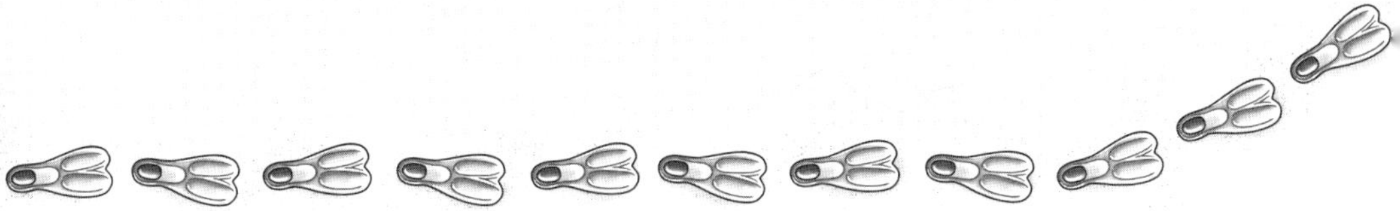

1. Hier fahren Züge ab.
2. Pfeil und ...
3. Schulfreie Zeit
4. Im Sommer essen Kinder gerne ...
5. Monat zwischen Juli und September
6. Damit geht man wandern.

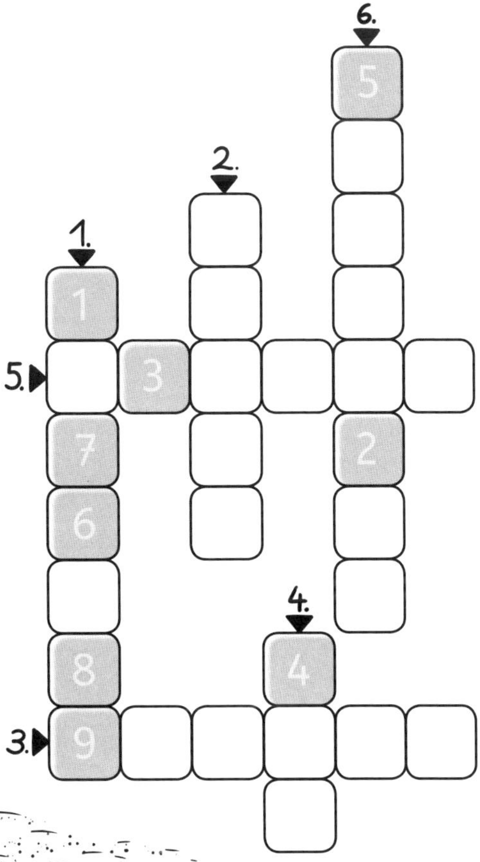

Lösung

BAUERNHOF

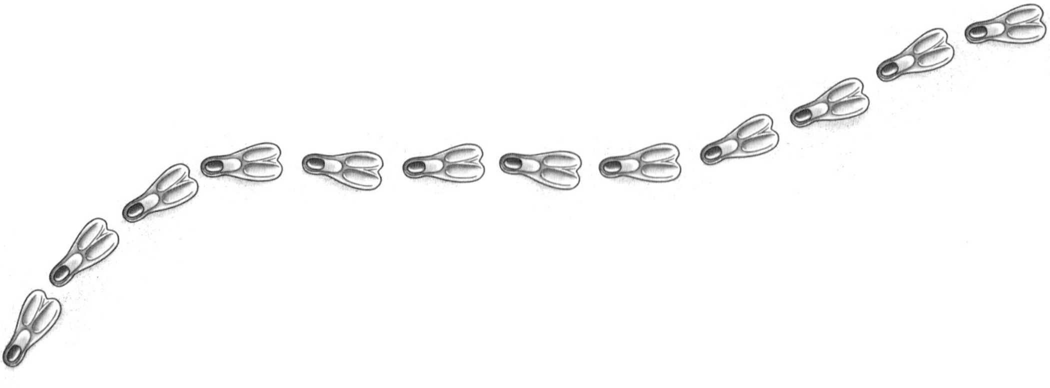

Schlaudenker

Du darfst nur ein einziges Streichholz umlegen, damit das Ergebnis stimmt.

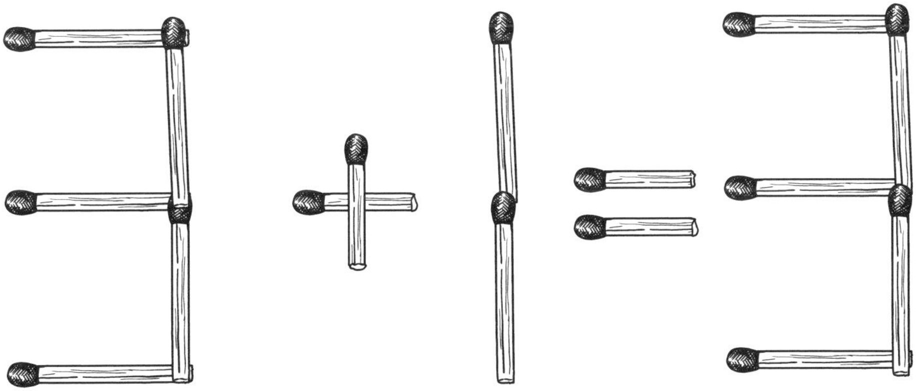

Lösung

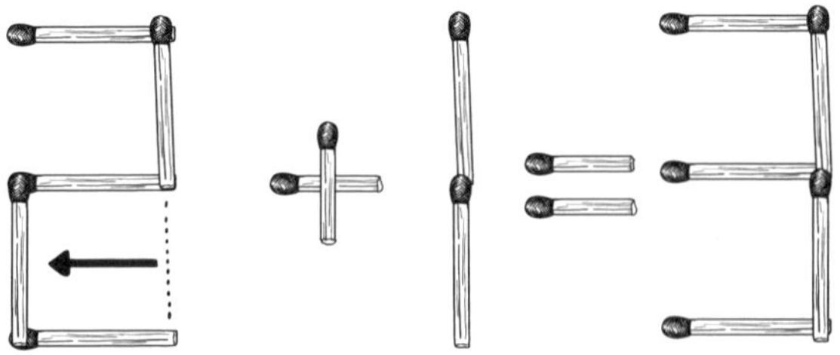

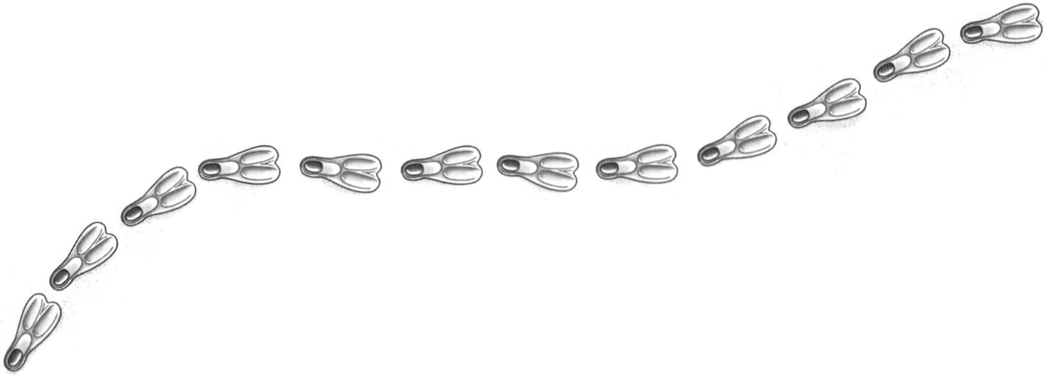

Rechenkönig

Jedes Symbol steht für eine Zahl.
Löse die Aufgaben.

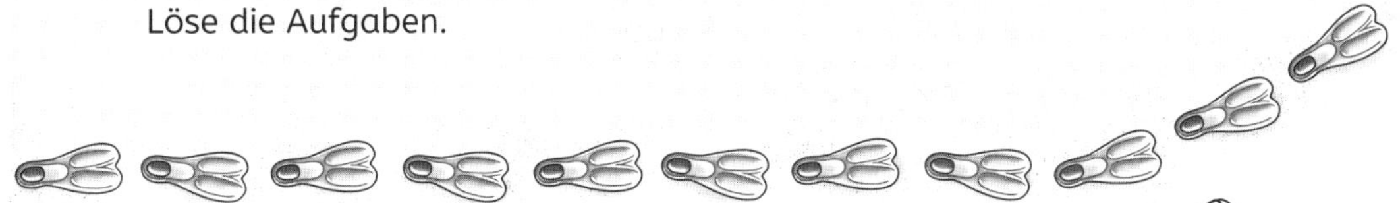

Lösung

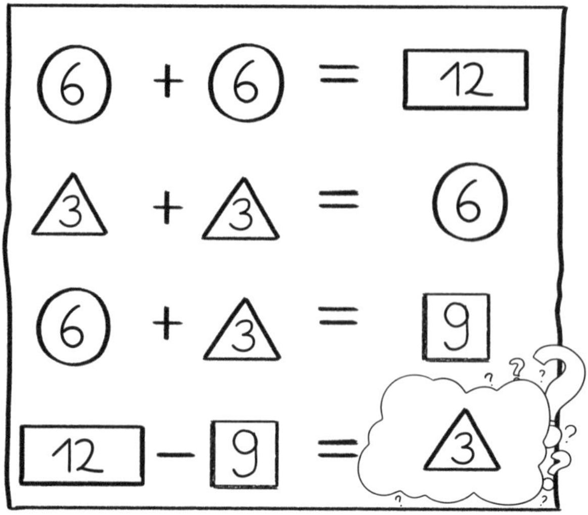

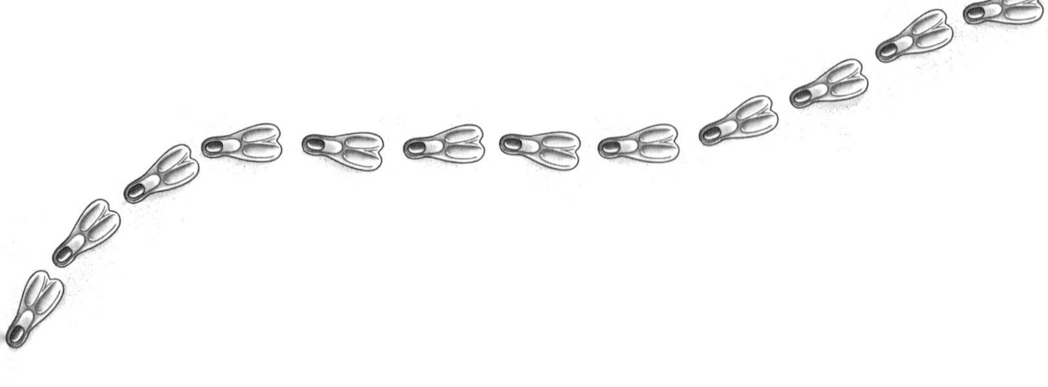

Ausgebucht

Nur ein Zimmer ist noch frei! Finde heraus, welches.

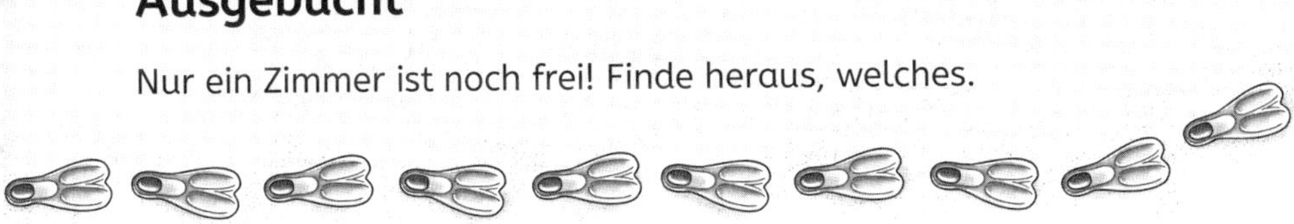

Streiche alle Nummern, die größer sind als 23 und kleiner als 32.

Streiche alle geraden Nummern zwischen 7 und 49.

Streiche alle ungeraden Nummern zwischen 32 und 44.

Streiche alle Nummern bei denen Zehner und Einer gleich sind.

Streiche alle Nummern, die 3, 4, 5, 7 oder 9 enthalten.

Streiche alle einstelligen Nummern, die noch übrig sind.

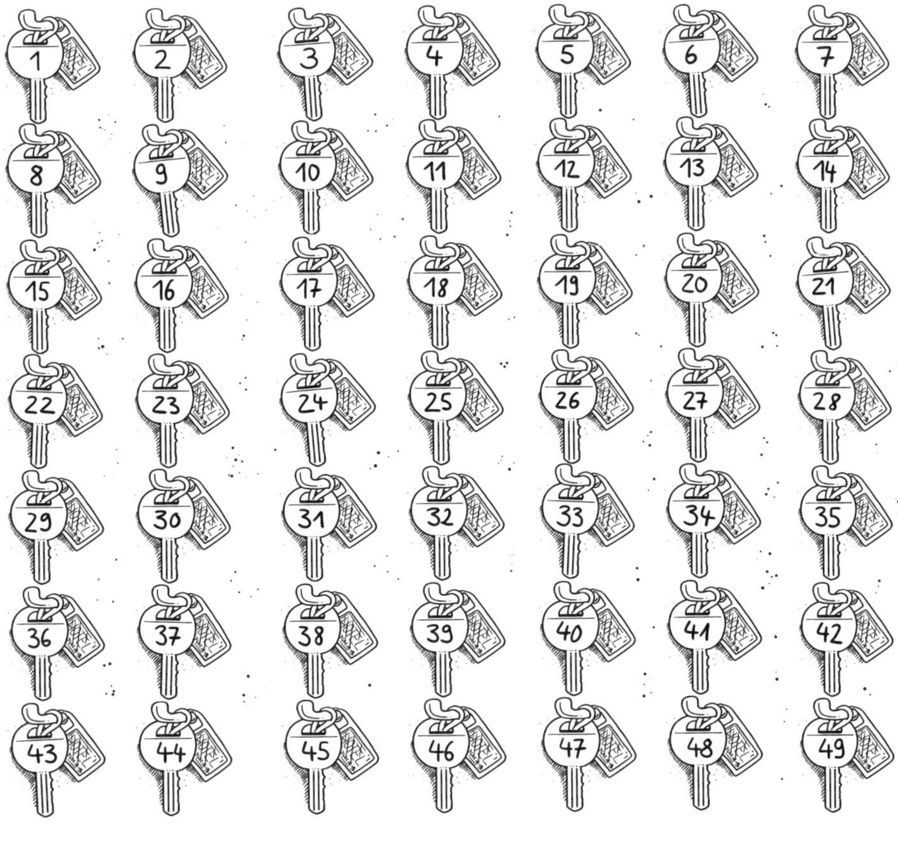

Lösung

Zimmer Nummer 21 ist noch frei.

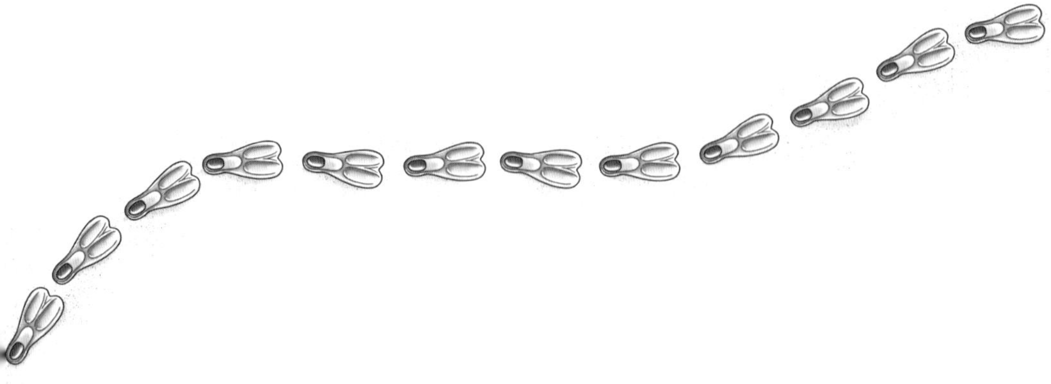

Such mich!

Finde 9 Ritter-Wörter im Gitter:
Pferd, Lanze, Helm, Schild, Fahne,
Knappe, Ritter, Turnier, Burg

B	U	R	R	G	K	R	A	S	S	C	H	I	X
F	A	K	R	I	O	P	X	C	Q	X	C	R	V
Q	P	F	E	R	D	W	X	H	V	B	N	I	M
M	M	Q	W	E	R	F	G	I	J	H	J	T	Q
A	S	L	D	F	G	H	J	L	J	C	H	T	A
A	L	A	H	O	I	S	K	D	S	S	E	E	T
G	A	N	T	T	I	S	N	F	A	H	H	R	E
N	U	Z	I	Q	X	F	A	H	N	E	B	A	W
T	H	E	L	M	A	F	P	F	E	R	X	Ö	W
J	O	G	C	H	E	R	P	U	S	R	B	A	L
F	G	H	J	K	L	Ö	E	Ö	Ä	Q	U	E	X
S	D	F	G	H	M	N	B	Q	D	F	R	T	S
S	T	U	R	N	I	E	R	Q	T	I	G	E	V
M	A	S	X	C	H	A	T	R	I	A	T	I	X

Lösung

B	U	R	R	G	K	R	A	S	S	C	H	I	X
F	A	K	R	I	O	P	X	C	Q	X	C	R	V
Q	P	F	E	R	D	W	X	H	V	B	N	I	M
M	M	Q	W	E	R	F	G	I	J	H	J	T	Q
A	S	L	D	F	G	H	J	L	J	C	H	T	A
A	L	A	H	O	I	S	K	D	S	S	E	E	T
G	A	N	T	T	I	S	N	F	A	H	H	R	E
N	U	Z	I	Q	X	F	A	H	N	E	B	A	W
T	H	E	L	M	A	F	P	F	E	R	X	Ö	W
J	O	G	C	H	E	R	P	U	S	R	B	A	L
F	G	H	J	K	L	Ö	E	Ö	Ä	Q	U	E	X
S	D	F	G	H	M	N	B	Q	D	F	R	T	S
S	T	U	R	N	I	E	R	Q	T	I	G	E	V
M	A	S	X	C	H	A	T	R	I	A	T	I	X

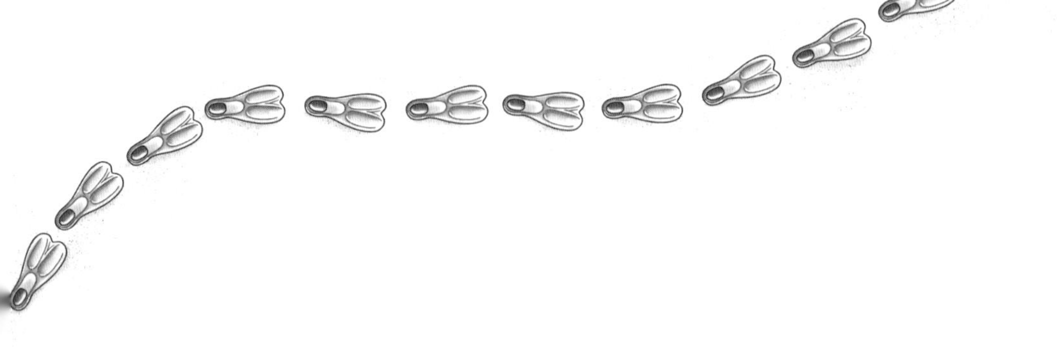

Spielezeit:
Wer bin ich?

Ein Mitspieler denkt sich eine Person oder eine Filmgestalt aus und darf nun nur noch mit „Ja“ oder „Nein“ antworten. Alle anderen Mitspieler stellen reihum Fragen, bis sie herausgefunden haben, wer gesucht wird.
Wird mit „Nein“ geantwortet, darf der nächste Mitspieler raten. Die Lösung darf reingerufen werden und der Sieger darf die nächste Suche starten.

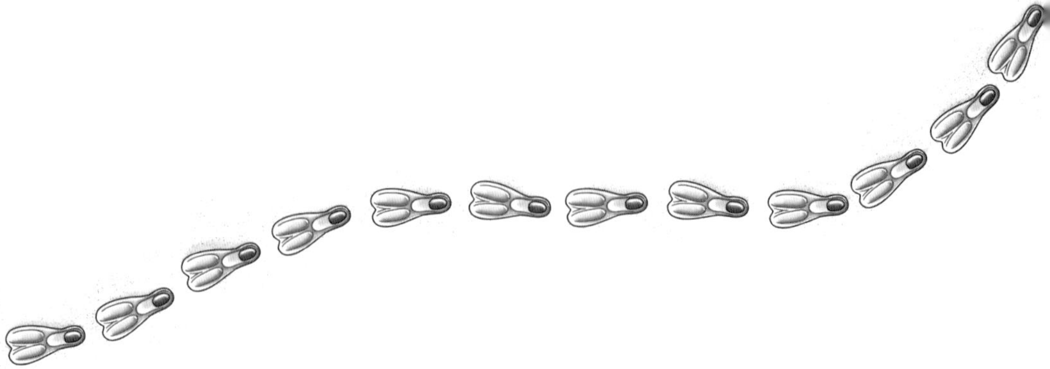

Scherzkekse

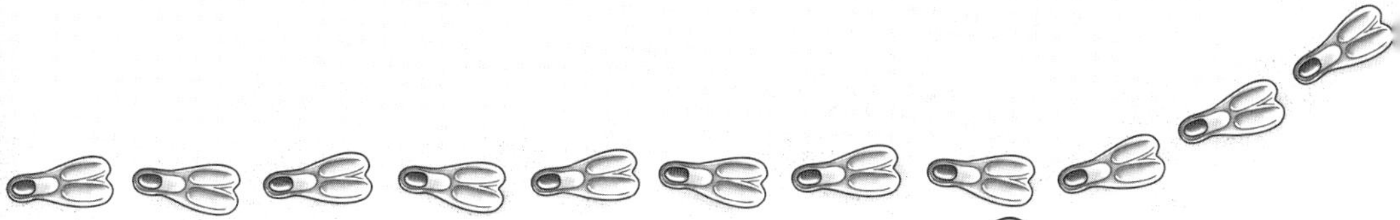

Wo macht ein Skelett Urlaub?

Welcher Stern steht nicht am Himmel?

Warum sind Fische so glitschig?

Lösung

Wo macht ein Skelett Urlaub? – Am toten Meer

Welcher Stern steht nicht am Himmel? – Der Seestern

Warum sind Fische so glitschig? – Damit sie beim Kurvenschwimmen nicht quietschen.

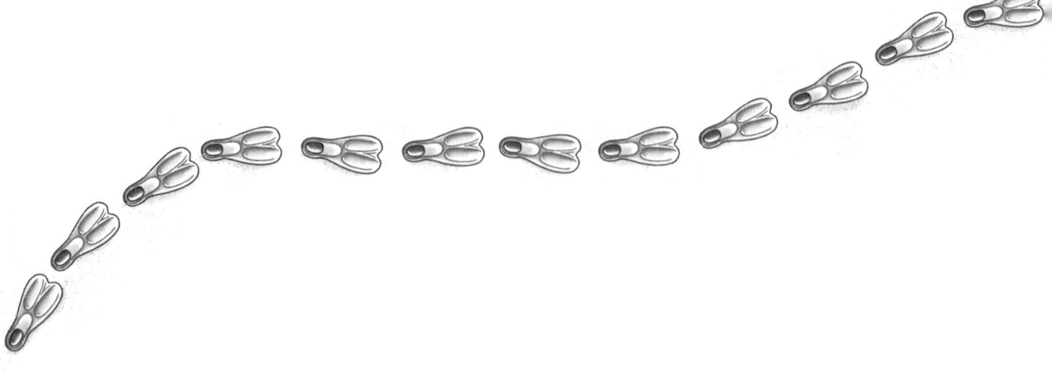

Irrweg

Wie kommt der Besucher aus der Pyramide des 24. Pharaos heraus? Er darf nur die Felder betreten, deren Ergebnis 24 beträgt.

Lösung

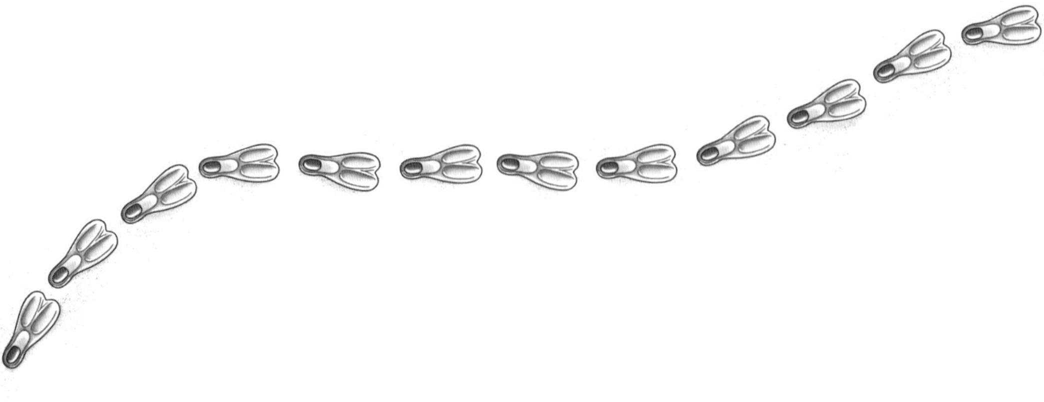

Spielezeit:
Ich sehe was, was du nicht siehst

Ein Spieler sucht sich etwas in seiner Umgebung aus und nennt die Farbe. Die anderen Mitspieler müssen nun raten, was gemeint ist.
Tipp: Du kannst auch dieses Bild anmalen und zum Raten verwenden.

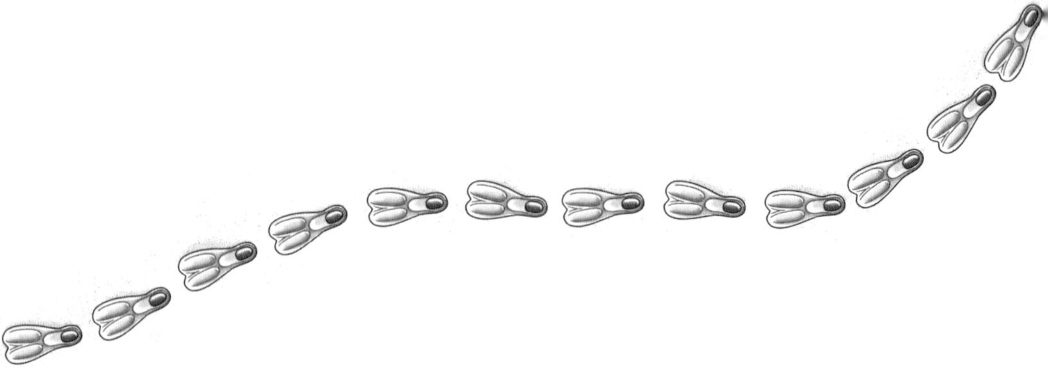

Kofferchaos

Welcher Anhänger gehört zu welchem Koffer?

Verbinde.

Lösung

Schlaudenker

Du darfst nur ein einziges Streichholz umlegen,
damit das Ergebnis stimmt.

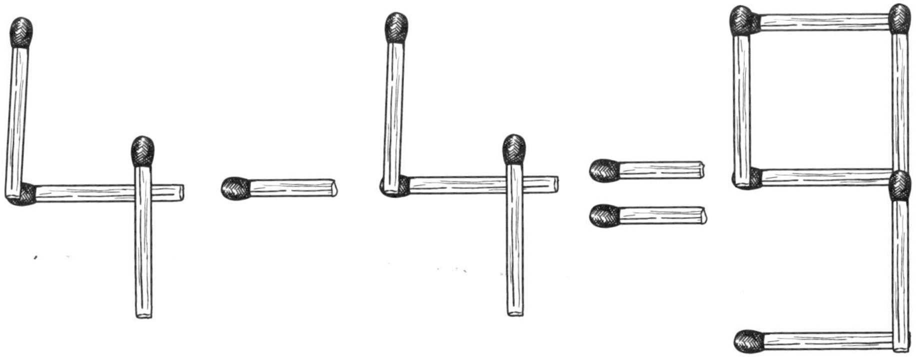

Lösung

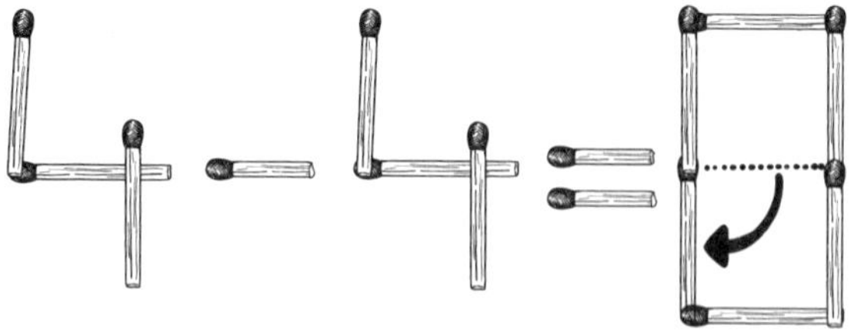

Schlaukopf

Der Mensch hat sich viele tolle Tricks aus der Natur abgeschaut.
Lies und entscheide, welche Antwort stimmt.

Pinzette

Mit einer Pinzette kann man kleinste Dinge hochheben und festhalten.

Dies wurde abgeschaut bei:

a) Störchen, die Nahrung greifen

b) Krebsen, die kneifen

c) Spitzmäusen, die ihre schmale Schnauze zum Fressen nutzen

Lösung

Antwort a) ist richtig.
Die Pinzette ist dem Storchenschnabel nachempfunden.

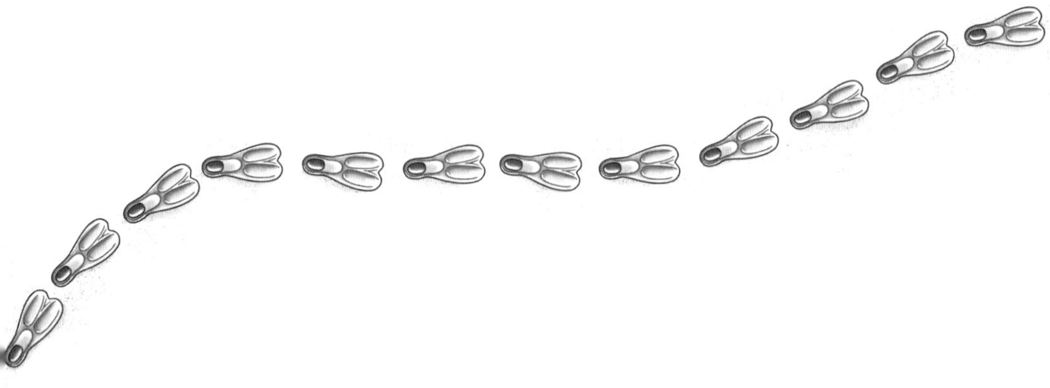